ANWB Extra

Londen

Uitgeverij ANWB

Inhoud

Het belangrijkste eerst

Londens wilde kant
De Primrose Hill is een groene heuvel aan de noordzijde van Regent's Park (▶ blz. 84). Je kijkt er prachtig uit over de stad. In de stilte van de avond kun je de leeuwen in de nabijgelegen Zoo horen brullen. Sluit je ogen en droom weg!

Pure romantiek!
Ga eens de Waterloo Bridge op! Geen andere brug in Londen biedt net zo'n sprookjesachtig uitzicht. Schilders als Monet, Turner en Whistler konden niet genoeg krijgen van het afwisselende kleurenspel en slaagden erin de zeldzame transparantie van de lucht voor het nageslacht vast te leggen.

Het centrum van de stad
Dat is voor de meeste Londenaren Leicester Square (spreek uit: Lester, 🗺 E 3). Op zwoele zomeravonden lijkt half Londen hier voorbij te komen. Sinds het nabijgelegen Trafalgar Square voetgangersgebied werd, ontwikkelt ook dit plein zich tot centrale ontmoetingsplaats. Niet alleen tijdens demonstraties en kunsthappenings, maar ook voor buitenlanders in een grote stad.

Cultuurbolwerk
Een *barbican* is een middeleeuws verdedigingswerk en zo komt dit woonblok in de City of London ook op je over. Laat je er niet door afschrikken! Het complex heeft zijn eigen charme. Bovendien biedt het Barbican Centre (🗺 K 1, www.barbican.org.uk) een veelzijdig cultureel programma op het allerhoogste niveau.

Het Verre Oosten in East London
Op slechts enkele passen van Aldgate East Station kun je je onderdompelen in een andere wereld. De Whitechapel Street Market is vooral bedoeld voor Pakistaanse en Bengaalse inwoners van de stad. Hier staat ook de grote East London Mosque.

Een lekker potje schelden
Sinds juli 1872 mag elke burger zich zonder aanmelding vooraf op Speakers' Corner (🕮 B 3) over elk thema wat hij wil uiten. Vaak spreken er op de betreffende hoek in Hyde Park gekken en verwarde mensen, maar soms ook mensen met een echte missie, zoals tegenwoordig voor- en tegenstanders van Brexit.

!

Overzicht
Aan de noordoever van de Theems schieten verscheidene kantoortorens de Londense hemel in – de meeste met een panoramarestaurant en een uitzichtterras. Voor een onvergetelijk uitzicht – ongeacht het weer – raad ik de prachtige Sky Garden aan op de Walkie-Talkie (▶ blz. 46, 20 Fenchurch Street, https://skygarden.london). Een bezoek aan het uitzichtplatform is gratis; een kaartje moet online worden gereserveerd.

Een soort geheime tip
In de Holly Bush Pub (22 Holly Mount, NW3 6SG) in Hampstead kom je maar weinig toeristen tegen. Als je er binnengaat, begrijp je meteen waarom de Londenaren zo gek zijn op hun *local* om de hoek.

Met de boot naar de markt
Van Little Venice in het stadsdeel Maida Vale kun je met een *narrow boat* van Jason's Trip (www.jasons.co.uk) in alle rust door Regent's Park naar Camden Market (▶ blz. 71) varen.

Londen is al vele jaren mijn thuishaven. Ik houd van de mensen, hun humor, hun zelfspot, hun levenshouding. Ik blijf het fascinerend vinden dat deze stad voortdurend in beweging is en nieuwe invloeden snel in eigen ideeën omzet. Dat het uit eten gaan in Londen nu ook een waar genoegen is, heeft het leven aan de Theems voor mij perfect gemaakt.

Vragen? Ideeën?

Laat het me weten! Mijn adres bij de ANWB:

@ *anwbmedia@anwb.nl*

Dit is Londen

Als je vanaf de luchthaven een taxi naar de stad wilt nemen, moet je je niet door de eerste aanblik in verwarring laten brengen. De *black cabs,* die netjes op een rij voor de *arrivals hall* staan te wachten, zien er misschien oud uit, maar zijn doorgaans gloednieuw. Hun historische look bedriegt. De vorige generatie was misschien eleganter, maar de moderne taxivloot heeft zich duidelijk op het traditionele design geöriënteerd. Net als zoveel in het Verenigd Koninkrijk en natuurlijk ook in de hoofdstad.

De traditie verplicht

Natuurlijk is Londen een moderne metropool, een plaats voor vandaag en morgen. En toch is de stad erop gericht ook achterom te kijken en het oude in ere te houden. Terwijl in de City en op het Isle of Dogs moderne wolkenkrabbers omhoogschieten, heerst in de zijstraten van Chelsea en Hampstead een bijna dorpse rust. Het dorpse karakter van de voorsteden hoort bij Londen, net als de tot chique studio's verbouwde paardenstallen in de Mews van Knightsbridge of de hypermoderne appartementencomplexen van staal en glas in de Holland Street van Southwark. Ook Rules, het oudste restaurant van Londen, staat op maar enkele passen afstand van een vestiging van de populaire Nandos-keten. Of neem de BBC, de oudste radiozender ter wereld. Het Old Broadcasting House, dat als de boeg van een schip in Regent Street uitsteekt, handhaaft zich naast het ultramoderne New Broadcasting House, dat de grootste Newsroom ter wereld heeft. Ook het toerisme heeft de stad veranderd. Het zijn echter vooral buitenlandse investeerders die het grote geld de metropool in laten stromen. Buitenlanders kopen onroerend goed voor prijzen die geen Londenaar zich kan veroorloven. Zo ontstaat rond de stilgelegde kolencentrale Battersea een nieuwe wijk met dure luxeappartementen, zitten in de pakhuizen aan de haven nu chique lofts en zijn de weinige overgebleven havenkroegen in deftige gastropubs veranderd.

Overal is wel stedelijk groen te vinden

Als je door de stad slentert, lijkt het wel alsof er alleen nog maar gebouwd wordt. Overal en altijd. Waar je ook kijkt, zie je beton, staal en glas uit de grond omhoogschieten. Blijft er nog wel plaats over om adem te halen? Een blik op de stadsplattegrond laat echter zien dat Londen een stad van parken en tuinen is. Er zijn er maar liefst drieduizend – van groot tot reusachtig, van klein tot piepklein. 8 miljoen bomen zorgen voor een gezond stadsklimaat. Een enorm bos? Ja, dat klopt! Sinds 2014 heeft de metropool aan de Theems zelfs boswachters in dienst. Deze melden enthousiast dat je dwars door de stad kunt wandelen, van zuid naar noord, en steeds weer beboste gebieden passeert, waar niet alleen vossen en hazen leven. Nou ja, vossen zijn niet echt een bewijs voor het bestaan van natuurlijke bossen. Je vindt ze ook midden in Londen. Vaak lopen ze niet eens voor je weg, maar kijken je ondeugend aan. Er zouden er inmiddels zo'n tienduizend zijn.

Direct na kantoortijd ontmoeten Londenaren en toeristen elkaar in de schilderachtige pubs van West End.

De verenigde naties van Londen

Londen herken je vooral aan zijn inwoners, die van over de hele wereld komen. De eerste Indiërs zochten in de 14e eeuw hun toevlucht in Engeland. Het waren Roma, afstammelingen van de nomadenstammen in het noordwesten van het subcontinent. Het zouden er tienduizend zijn. Later volgden vele duizenden *Asians* – uit India, Pakistan, Bangladesh en Sri Lanka. Alleen al in 1972 kwamen er 28.000 Indiërs uit Oeganda, uitgewezen door Idi Amin. Rond honderdduizend Joden vluchtten tussen 1880 en 1914 voor de pogroms in Rusland en Polen naar het Britse koninkrijk. In 1901 telde men in het hele land precies 545 Chinezen, nu zijn het er meer dan 125.000 alleen in Londen. Ik zou nog bladzijdenlang kunnen doorgaan, maar één getal zegt alles: de kinderen op de Londense basisscholen spreken ongeveer 250 verschillende moedertalen.

Laten we de immigranten niet vergeten die in het koninkrijk betere kansen op werk en levensomstandigheden zochten. En de mensen die erheen trokken omdat hen het land, en vooral Londen, zo goed beviel. In de afgelopen tijd waren daar honderdduizenden burgers uit de EU-landen bij. De Londenaren hadden geen bezwaar, maar in de provincie waren de mensen er niet altijd blij mee. Dat blijkt dan ook uit het resultaat van het referendum over Brexit – het afscheid van Groot-Brittannië van de EU. In Engeland stemde 53,4 % voor, in Wales 52,5 %. Londen liet zien dat het een wereldstad is: 40,1 % stemde voor Brexit, 59,9 % tegen. Tot ieders schrik heeft de provincie gewonnen. De uitslag bevestigde wat velen van ons al wisten: Londen is een onafhankelijke staat binnen het land. De stad is trots op zijn veelzijdigheid en wil die niet opgeven. In weerberichten uit de jaren 30 van de 20e eeuw kon je lezen: Mist boven het Kanaal, afgesneden van het continent. Aan de weersomstandigheden kan het huidige dilemma echt niet worden toegeschreven!

Londen in cijfers

2
burgemeesters – een mayor van de Greater London Authority en een lord mayor voor de autonome City of London.

13
procent van alle inwoners van de Britse eilanden wonen in Londen.

13,76
ton weegt de grote klok in de Elizabeth Tower, beter bekend als de Big Ben.

32
districten, de 'boroughs', en de City of London vormen samen het stadsgebied Greater London, dat uiteenvalt in Inner London, met twaalf 'boroughs' plus City, en Outer London.

8.600.000
inwoners en daarmee na Parijs (9,9 milj.) de op een na grootste stad van Europa.

74
kilometer lang is de langste subwaylijn van Londen, de Central Line. Met 2,5 km is de Waterloo and City Line de kortste.

100
toiletten, 36 badkamers en een hydraulische lift waren de grote luxe van het Langham Hotel bij de opening in 1865.

140
meter boven de zeespiegel ligt Hampstead, de hoogste heuvel van de stad en met het reusachtige park Hampstead Heath een populaire weekendbestemming voor Londenaren.

150
jaar bestaat de Londense subway in 2013. Hij is de oudste ter wereld.

1572
vierkante kilometer stadsoppervlak, het grootste in heel Europa.

2017

of 2016 jaar is het geleden dat Boudicca, koningin van de Iceni, het Romeinse Londinium verwoestte. Zij geldt als de eerste Britse heldin. Haar standbeeld staat op de linkeroever van de Theems, recht tegenover de Big Ben.

16.309

restaurants zouden er in Londen zijn.

22.500

'black cabs' rijden je waar je maar heen wilt in Londen.

3.800.000

Londenaren zijn zwart of stammen af van etnische minderheden. Dat is 44 % van de stadsbevolking.

17.500.000

buitenlandse bezoekers kwamen in 2015 naar Londen.

220.000.000

pond sterling kostte de renovatie van het Savoy. Zoveel had geen enkel hotel in Groot-Brittannië ooit aan een facelift gespendeerd.

55,2

meter gaat het in het metrostation Hampstead omlaag – een Londens record.

11.800.000 000

pond sterling werd er in 2015 door buitenlandse bezoekers in Londen uitgegeven.

Wat is waar?

Tijdens de landing vallen meteen de eerste, zich steeds herhalende huizenrijen op. Hoe meer het toestel de luchthaven nadert, hoe dichter het netwerk van lijnrechte straten wordt, dat zich tot aan de horizon lijkt uit te strekken. Greater Londen beslaat een gebied van 1572 km^2. Londen, een stad zonder begin of einde.

Eerste oriëntiering

In de zee van huizen vallen wel enkele herkenningspunten op. Daar ligt de **Theems**, de rivier die zich door de stad heen slingert. Van oost naar west gemeten strekt de stad zich 65 km langs de rivier uit. Daar zijn de grote en kleine **parken**. In totaal komen de groengebieden neer op een oppervlak van maar liefst 80 km^2, meer dan een kwart daarvan komt toe aan de zes koninklijke parken, die door de monarchen zijn aangelegd. Te herkennen zijn ook het **oude havengebied**, de **Tower Bridge** (M 4), wolkenkrabber **The Shard** (L 4), **St Paul's Cathedral** (J 2), de **Big Ben** (F 5) en **Buckingham Palace** (D 5), het belangrijkste paleis van de Britse koningen.

Het middelpunt van Londen

Charing Cross (F 4) is officieel het middelpunt van Londen en – zoals zoveel in Engeland – historisch vastgelegd. Koning Edward liet hier een van de twaalf kruisen oprichten ter nagedachtenis aan zijn overleden vrouw, koningin Eleanor. Charing Cross zou een verbastering van *Croix de la chère reine* zijn. Eigenlijk stond het kruis niet op deze plaats, maar bij de ingang van Whitehall. Voor Londenaren is het middelpunt van hun stad zonder twijfel **Leicester Square** (F 3), voor toeristen **Piccadilly Circus** (E 3) of ook wel **Trafalgar Square** (F 3). Deze drie liggen dicht bij elkaar. Vanaf hier lopen de straten naar de warenhuizen, bioscopen, restaurants, theaters en pubs. Van Leicester Square is het maar een klein stukje lopen naar **Soho** (D/E 2/3), naar **Chinatown** (E/F 2/3) en **Covent Garden** (F 3).

C CIRCUS

Op **Piccadilly Circus** kun je geen gedresseerde tijgers of grappige clowns zien. Ook op Oxford Circus zoek je vergeefs naar de arena. Het woord *circus* betekent gewoon 'rond plein' of 'rotonde'.

Westminster – centrum van de macht

Londen heeft zich uit twee steden ontwikkeld. Wat wij tegenwoordig de **City of London** (K/L 2/3) noemen, gaat terug tot aan de Romeinse nederzetting Londinium en is bijna tweeduizend jaar oud. Al vroeg werd de City het centrum van de handel, het bankwezen en de gilden. Daarnaast ontwikkelde zich ten westen van de City al snel het ermee concurrerende **Westminster** (D-F 5/6). Hier bevindt zich al zo'n duizend jaar het centrum van de politieke en de kerkelijke macht. In Westminster zijn de ministeries, de Houses of Parliament, Downing Street met de woning van de minister-president, de kroningskerk Westminster Abbey en Buckingham Palace. Maar ook het Supreme Court staat hier, het hoogste gerechtshof van het land, de grootste katholieke

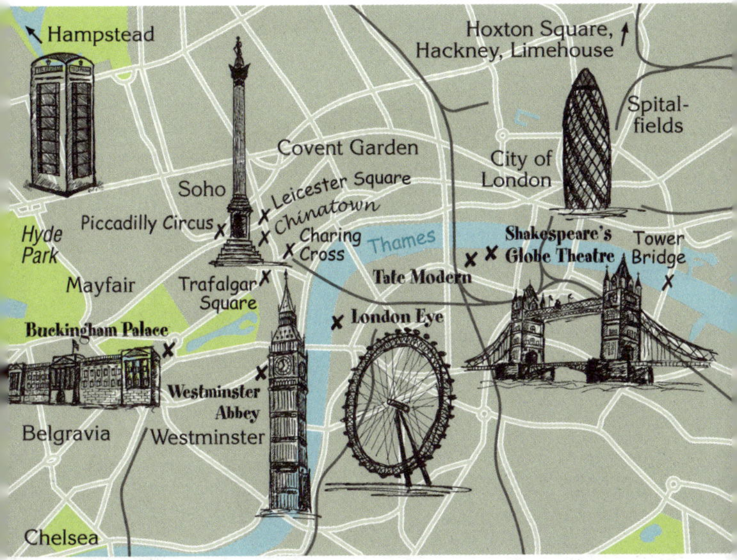

kathedraal van Londen, Westminster Cathedral, en Victoria Station.

Trendy wijk

Tegenwoordig trekken jonge Londenaren weg uit het westen van de stad naar **East End** (🕮 ten oosten van M 1/2) – op zoek naar kunst, cultuur en amusement. In het begin vestigden zich vooral kunstenaars in het oostelijke deel, aangetrokken door de leegstaande opslagruimten en pakhuizen; ze vestigden zich met name in **Hackney** (🕮 ten noorden van M 1), **Limehouse** (🕮 ten noorden van M 1) of **Spitalfields** (🕮 M 1). Makelaars, speculanten en saneerders volgden. Intussen zijn delen van East End onbetaalbaar geworden. Toch vind je nog steeds extreme armoede in de directe omgeving van straten waar chique yuppen vertier zoeken en vervallen sociale woonflats op een steenworp afstand van peperdure lofts. De ontwikkeling op de **South Bank** (🕮 G–M 3/4) verloopt net zo. Daar werden een voor een opslagruimten en pakhuizen ontruimd en verbouwd tot dure woningen. Voor mensen met een modaal inkomen is hier geen plaats meer. Zij moeten uitwijken naar de randen van de stad. Zij vragen zich terecht af of de oeverpromenade erop vooruit is gegaan met zijn paleizen van beton en glas, zoals de nieuwe **City Hall** naast de **Tower Bridge** (🕮 M 4) en het **Southbank Centre** bij de **Waterloo Bridge** (🕮 G 3/4), het **London Eye** bij de **Westminster Bridge** (🕮 G 4) en het **Tate Modern** (🕮 J 3) vlak bij het **Shakespeare's Globe Theatre** (🕮 J 3).

Samengesteld uit tientallen dorpen

De meeste stadsdelen van Londen waren vroeger dorpen die buiten de stadspoorten lagen. Vrijwel overal in de stad zijn er wel overblijfselen uit die begindagen te vinden. In **Chelsea** (🕮 A/B 7/8) zijn het de smalle straatjes met hun kleine huizen en voortuintjes, in **Spitalfields** (🕮 M 1) de ooit elegante huizen van de hugenoten. De grote *town houses* van de voormalige hogere klasse van Londen zijn kenmerkend voor **Mayfair** (🕮 C 3) en **Belgravia** (🕮 B/C 5/6), terwijl de landelijke sfeer van **Hampstead** (🕮 ten noorden van A 1) al vroeg de bohemiens aantrok. Al in de 19e eeuw kwamen de Londenaren hier frisse lucht opsnuiven; ook Karl Marx kwam graag op de Heath.

Kodakmoment

Outdoor Living

Vrije tijd wordt buiten gevierd of, zoals de Britten zeggen, 'al fresco'. Dit is de nieuwste trend in Engeland – 'weather permitting, of course'. Je verstoppen is out: onvoorstelbaar voor de preutse victorianen, onmisbaar voor moderne Londenaren. De meeste pubs hebben daarom geen ondoorzichtige melkglazen ramen meer, maar je kunt er gewoon naar binnen kijken. Cafés en restaurants serveren nu ook buiten op straat. Je neemt je hond en je kinderen nu niet meer alleen naar het park mee, maar ook voor een ommetje door de buurt, zoals hier op Broadway Market.

Street art is geaccepteerd

Banksy en zijn street art zijn niet meer uit Londen weg te denken. Hier is het allemaal begonnen, al komt Banksy eigenlijk uit de undergroundscene in Bristol. Inmiddels is hij over de hele wereld bekend, omdat hij overal zijn politieke statements stiekem op de muren spuit. Hij heeft eigenlijk geen galerie nodig en is altijd in voor een verrassing. Londen en Banksy horen bij elkaar, zijn message is echter internationaal.

BURGER KING

Splash!

In Londen regent het soms en soms is altijd, zo wordt gezegd. In het tijdperk van de klimaatverandering klopt dit niet meer. Had je gedacht, dat het in Rome vaker regent dan in Londen? Behalve in de zomer! Een klein, maar beslissend verschil. Wedden, dat de man op de foto geen Londenaar is en zelfs geen Engelsman? Die dragen namelijk geen regenjas. Dat wist de taxichauffeur waarschijnlijk ook wel.

Het kompas van Londen

#2

Centrum van de macht – **City of Westminster**

#3

Kroningskerk en nationaal monument – **Westminster Abbey**

Hear Hear

BOVENMENSELIJKE MOMENTEN

#1

Sightseeing per lijnbus – **van East End naar het westen**

GEWOON INSTAPPEN EN MEERIJDEN

WAAR BEGIN IK?

Op zoek naar de tijd

#15

Over de Theems – **van Westminster naar Greenwich**

VAN TRASH TOT STREET CRED

#14

Geluid, kleur, blijdschap – **Camden Market**

Londens sloanies ontmoeten ...

KUNST-FABRIEK

#13

Speelplaats van mooie en rijke mensen – **King's Road**

#12

Een reis door de kunst – **Tate Britain en Tate Modern**

#4
Groeten uit Italië – **Covent Garden**

#5
Een geheel eigen kosmos – **Soho en Londens Chinatown**

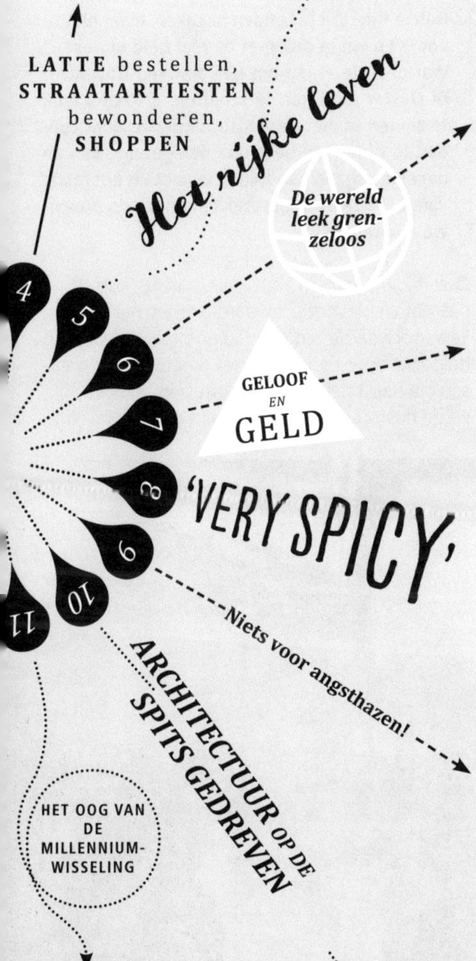

#6
De schatkamer van het Empire – **het British Museum**

#7
Kerk en financiën – **St Paul's Cathedral en City of London**

#8
Van armenhuis tot hippe wijk – **Whitechapel**

#9
Gruwelen, glans en glitter – **de Tower of London**

#10
Tussen traditie en moderne tijd – **South Bank**

#11
Uitzicht rondom – **het London Eye**

#1

Sightseeing per lijnbus – **van East End naar het westen**

Heb je tijd? Wil je Londen bekijken, maar niet te voet? En wil je ook niet te veel geld uitgeven? Wat denk je ervan om gewoon een Travelcard of Oyster Card aan te schaffen, proviand mee te nemen en met de stadsbus kriskras door Londen te rijden? Je bent dan ook getuige van de dagelijkse gang van zaken. Je kijkt uit het raam, vangt flarden van gesprekken op, en doet nieuwe ervaringen op.

Piccadilly Circus is misschien wel het bekendste plein van Londen en een belangrijk oriëntatiepunt voor alle bezoekers.

Ook tijdens een rit met de stadsbus kun je en passant allerlei bezienswaardigheden herkennen. Een voorwaarde is dat je tijd en geduld hebt. Een bustocht door Londen is niet geschikt voor mensen die haast hebben. De metropool is reusachtig en de busroutes zijn dan ook lang. Neem bij voor-

keur bus 15, die van Blackwall op de noordoostpunt van het Isle of Dogs naar Trafalgar Square rijdt. Echt spannend wordt het vanaf **Aldgate East**.

Let's go!

Hier begint het echte **East End**, de wijk van de cockneys, bekend van de verhalen over Jack the Ripper. Die tijd is natuurlijk voorbij, maar desondanks gaat het nog niet echt goed in East End. Het is nu een bolwerk van Pakistaanse en Bengaalse immigranten, maar trekt inmiddels ook vele jonge Londenaren. Dat is ook te zien aan de **Whitechapel Gallery** 1 (▶ blz. 49) in Whitechapel High Street. Voordat je in bus 15 stapt, moet je daar beslist een kijkje nemen. Wie niet veel met kunst heeft en geen last heeft van pleinvrees, kan een bezoek brengen aan de **Petticoat Lane Market** (▶ blz. 51) in Middlesex Street.

Als je bij het **metrostation Aldgate East** bent ingestapt, kun je in de bus het best een plaats op het dak zoeken en snel naar links kijken. Misschien zie je nog net de **Tower of London** 2 (▶ blz. 52)! Dan voert de reis je echter snel een heel ander Londen binnen en rijd je dwars door de **City** 3 (▶ blz. 45), het bolwerk van de financiële wereld. Vrijwel alle banken en verzekeraars van de hele wereld hebben hier een filiaal. Kijk maar naar de borden op de moderne kantoorgebouwen en laat je imponeren: van hieruit wordt de wereld geregeerd! Daar doen de paar kleine huisjes uit de middeleeuwen die tussen de wolkenkrabbers van glas en staal haast verloren gaan, niets aan af. Aan het eind van **Cannon Street** zie je weer een vertrouwd beeld: de eerbiedwaardige **St Paul's Cathedral** 4 (▶ blz. 44) met zijn indrukwekkende koepel.

In het hart van de stad

Fleet Street is nog maar een treurige afspiegeling van wat de straat ooit was. Het is nauwelijks nog voor te stellen dat dit ooit de machtigste krantenstraat van de wereld was. Tot in de jaren 80 van de 20e eeuw zaten hier de belangrijkste Engelse dagbladen en persbureaus. Nog altijd heeft men het in Engeland over 'Fleet Street' als de Britse pers wordt bedoeld. Inmiddels hebben de krantenbedrijven zich over heel Londen verspreid.

▶ BUSROUTES

Veel buslijnen nodigen uit tot sightseeing. Op de plattegrond **Key bus routes in central London** zie je welke routes wat te bieden hebben. Die vind je op de website https://tfl.gov.uk/maps/bus. Een **kaartje** koop je niet meer in de bus. Londenaren betalen ofwel met hun Oyster Card of per creditcard met het *contactless*-symbool. Vraag ernaar bij je bank! De kaart houd je bij het instappen gewoon tegen een afleesapparaat, dat is alles.

Een bustour door Londen is op elk uur van de dag of de avond de moeite waard.

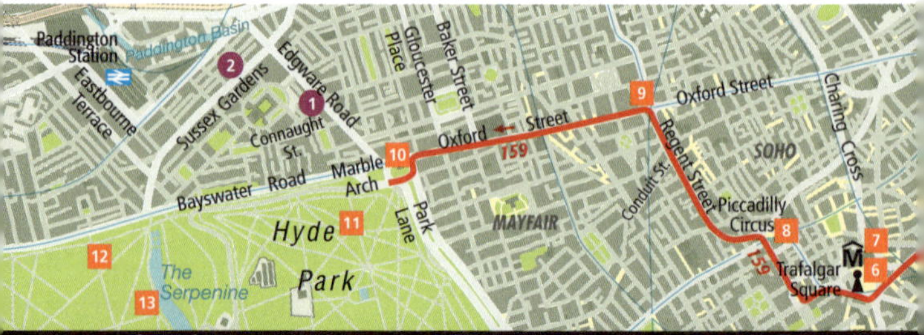

Uitneembare kaart A/M 2/3 | **Station** Aldgate East, **Bus** 15 en 23

INFO EN OPENINGS-TIJDEN

Buskaartjes: als je maar een klein stukje meerijdt, is de Oyster Card ideaal. Als je de rit onderweg wilt onderbreken, kun je met een Day Travelcard voordelig onbeperkt meerijden. Info: https://tfl.gov.uk.

National Gallery 7: www.nationalgallery.org.uk, za.-do. 10-18, vr. 10-21 uur, toegang gratis.

ETEN EN DRINKEN

Aan **Edgware Road** 1 vlak bij Marble Arch vind je enkele van de beste Libanese restaurants van de stad. Ook aan te bevelen is de Maleisische keuken bij **Satay House** 2 (13 Sale Place, tel. 020 77 23 67 63, www.satay-house.co.uk, dag. 12-15, 18-23 uur) ten zuiden van metrostation Edgware Road. Dit kleine restaurantje bestaat al sinds 1973. Als je niet van scherp houdt, kun je je het beste door de ober laten adviseren.

De bus rijdt van **Aldwych** de **Strand** op. Geen grap, zo heet die straat echt. Hier bevonden zich vroeger de achterbuurten (slums), waar veel romans van Charles Dickens zijn gesitueerd. Tegenwoordig staat in de Strand een van de chiqueste hotels van Londen, het **Savoy** 5, dat in 2010 voor een Brits recordbedrag van 220 miljoen pond geheel is gerenoveerd. De zijstraten links voeren omlaag naar de Theems. Rechts ligt Covent Garden, de vroegere fruit- en groentemarkt, nu een paradijs voor shopaholics.

Op **Trafalgar Square** 6 (▶ blz. 24) staat **Nelson's Column**, een zuil die herinnert aan de grote zeeslag in 1805 tegen de vloten van Frankrijk en Spanje. Van een massieve Korinthische zuil uit 1842 tuurt de admiraal neer op de straat Whitehall. De **National Gallery** 7 keert hij de rug toe. Deze is gebouwd na de aankoop, in 1824, van 38 werken uit de collectie van de Russische bankier John Julius Angerstein door de Britse regering. Het toont onder andere werken van Titiaan, Rafaël, Rembrandt en Rubens. Inmiddels is de collectie Europese schilderkunst gegroeid tot bijna 2500 schilderijen. Genoeg reden om hier je bustocht te beëindigen.

Londense winkelstraten

Je kunt ook op Trafalgar Square overstappen op bus 23 en verder rijden richting Marble Arch. Binnen enkele minuten bereikt de bus **Piccadilly Circus** 8. Zes straten komen uit op het plein, dat allang niet meer rond *(circus)* is, maar wel een van de beroemdste *landmarks* van Londen en een populaire ontmoetingsplaats voor jonge mensen uit het buitenland. Ze zitten graag op de trappen van het **Shaftesbury Memorial**, dat over de hele

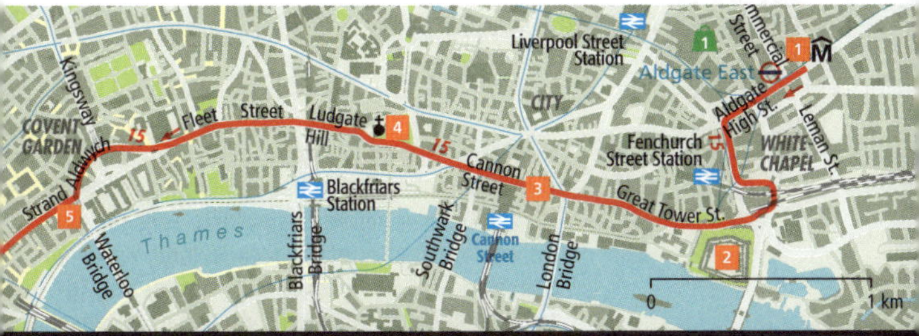

wereld bekendstaat als Eros-fontein. De Duitse schrijver Stefan Zweig beschreef Piccadilly Circus als 'de eigenlijke noordpool of zuidpool van onze wereld'. Hoe dit ook zij, het middelpunt van Londen ligt ergens anders.

Het gaat verder over **Regent Street**, een van de betere winkelstraten van de stad. Meer naar het westen, in Mayfair, zijn de winkels echter nog chiquer, met name in de peperdure New Bond Street. Rechts strekt zich Soho uit, met zijn vele restaurants en cafés. De bus slaat bij **Oxford Circus** 9 af naar een van de populairste en natuurlijk ook drukste winkelparadijzen van Londen, de **Oxford Street.** Bij de **Marble Arch** 10 bereikt hij in **Hyde Park** echter weer een van de vele oasen in deze veelzijdige stad.

OM DE HOEK

In **Hyde Park** 11 (www.royalparks.org.uk, 5-24 uur) toont Londen zich van zijn relaxte kant: je ziet er wandelaars, ruiters en zelfs zwemmers die zich bij weer en wind in de Serpentine wagen. In het westelijke deel, de **Kensington Gardens** 12, gaan kindermeisjes met hun kinderwagens op de Broad Walk wandelen. Kinderen vermaken zich in het pierenbadje van de Diana Princess of Wales Fountain en *culture vultures* storten zich op de tentoonstellingen in de **Serpentine Gallery** 13 (www.serpentinegalleries.org).

Deze glazenwasser in Oxford Street zorgt ervoor dat de bijzondere etalageversieringen goed zichtbaar zijn.

#2

Centrum van de macht – **City of Westminster**

In de regeringswijk liggen heden en verleden dichter bij elkaar dan waar ook in de metropool. Hier hebben regenten en politici over het wel en wee van hun directe buren Ierland, Wales en Schotland beslist of over het lot van verafgelegen volken. Hier werden de orders gegeven waarin grote delen van de wereld zich moesten schikken.

Op gewone dagen gaat het er rustig aan toe rond Nelson's Column op Trafalgar Square, maar pas op als de Londenaren het niet eens zijn met beslissingen van hun politici: al generaties lang is het plein in het blikveld van de regeringswijk de plaats waar demonstraties worden gehouden.

Op **Trafalgar Square** 1 merk je duidelijk dat hier ooit het hart klopte van een wereldrijk waar de zon nooit onderging. Ook nu nog spreekt men eerbiedig over het British Empire. Wie vanaf de trap van de **National Gallery** (▶ blz. 22) langs **Nelson's Column** in de richting van het Parliament kijkt, heeft in één oogopslag vrijwel de hele Britse koloniale geschiedenis in het vizier. Het plein zelf wordt al gedomineerd door de ambassades van Canada en Zuid-Afrika. Verderop strekt zich dan

Whitehall uit, de boulevard van de grote ministeries.

Over de politieke boulevard

Een van de mooiste gebouwen in het regeringsdistrict is **Banqueting House** 2. Het is van de hand van Inigo Jones, de grote architect die Londen in een tijdsbestek van 27 jaar veranderde, nadat hij in 1615 tot surveyor general van de koning was benoemd. Het eerste in classicistische stijl opgetrokken gebouw van Londen is het enige wat rest van de koninklijke residentie Whitehall Palace, dat in 1698 afbrandde. De plafondschildering in de feestzaal is van de hand van Peter Paul Rubens. Koning Charles I gaf hem in 1629 de opdracht. Zijn burgers hebben het hem niet in dank afgenomen. Op 30 januari 1649 werd de koning gedwongen door een raam op de eerste verdieping direct op het schavot te stappen.

In de naar links afbuigende Horse Guards Avenue staat tussen het Ministry of Defence en het voormalige War Office een **monument** 3 ter herinnering aan de Nepalese Gurkha's. Nadat ze hun oorlog tegen Groot-Brittannië (1814-1816) hadden verloren, traden de Gurkha's toe tot het Engelse leger. Ze hadden de reputatie bijzonder dapper te zijn.

Tegenover het Banqueting House ligt de toegang tot de **Horse Guard Parade** 4. Bij het hek wachten twee gardesoldaten, hoog te paard, ook al is de paradeplaats het grootste deel van het jaar verlaten. Begin juli wordt hier echter ter gelegenheid van de verjaardag van de koningin de militaire parade Trooping the Colour gehouden.

Even verderop begint de kleine **Downing Street** 5. Op Number Ten wonen van oudsher de prime ministers, in het huis ernaast de ministers van Financiën. Tot 1991 was de straat vrij toegankelijk, kon je voor nummer 10 even vol ontzag stilstaan en dan doorlopen naar het St James's Park of Whitehall. In dat jaar pleegden aanhangers van de IRA echter een mortieraanslag op het huis van de premier. Sindsdien is de toegang tot de straat versperd door enorme hekken.

Schitterende ambiance

Helemaal aan het eind van Whitehall beheerst de **Westminster Abbey** (▶ blz. 28) sinds bijna duizend

O
OVERIGENS

Gezinsvriendelijke werktijden – daarvan kunnen Britse afgevaardigden alleen maar dromen (maar liever niet 's nachts!). De zittingen in het Lagerhuis duren maar al te vaak tot in de kleine uurtjes. Voorstellen om dit te veranderen zijn tot nu toe allemaal afgewezen. Traditie blijft nu eenmaal traditie! Als in de nacht boven in de toren van de **Big Ben** een licht brandt, weten de Britten dat hun parlementariërs nog vergaderen.

Geef acht! Meer dan duizend soldaten in traditioneel rood uniform en met berenmuts op het hoofd staan bij Trooping the Colour in het gelid.

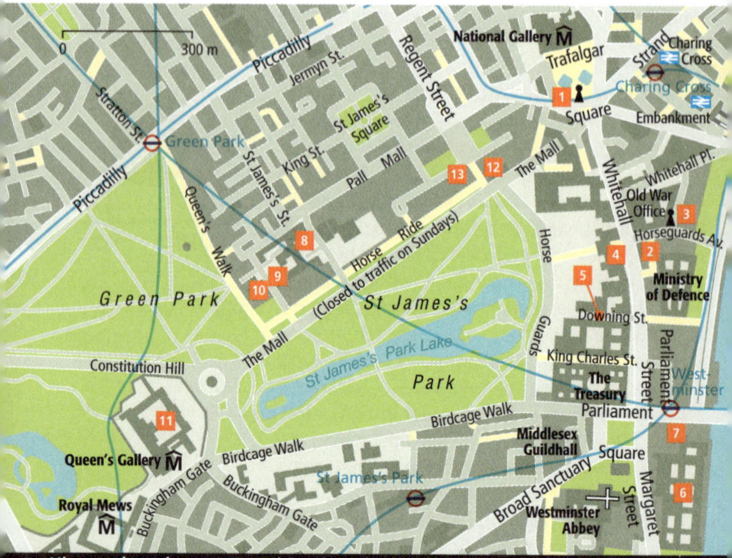

Uitneembare kaart D/F 3/5 | **Station** Charing Cross

INFO EN OPENINGS-TIJDEN

Horse Guard Parade 4: Aflossing van de wacht ma.-za. 11, zo. 10 uur.

Palace of Westminster (Houses of Parliament) 6: www.parliament.uk/visiting, debatten in het House of Commons ma. 14.30-22.30, di., wo. 11.30-19.30, do. 9.30-17.30, vr. 9.30-15 uur; rondleidingen tel. 020 72 19 41 14, £ 18,50.

ETEN EN DRINKEN

In de **ICA Café Bar** 12 (di.-zo. 11-23 uur, snack vanaf £ 8,95) kun je een drankje en een hapje nemen, maar ook lunchen en dineren.

jaar het uitzicht. Koning Edward the Confessor verplaatste halverwege de 11e eeuw zijn residentie naar Londen, liet de kerk bouwen en direct ernaast zijn nieuwe paleis. Het huidige **Palace of Westminster** 6, ofwel de **Houses of Parliament**, is echter nieuwer. Het neogotische gebouw met zijn vele vergulde torentjes, spitsen en versieringen, stamt uit de eerste helft van de 19e eeuw en heeft zich in de loop van de eeuw tot een van de bekendste bezienswaardigheden van Londen ontwikkeld. Hier voel je waarom Groot-Brittannië zo hartstochtelijk vasthoudt aan haar speciale rol in de wereld. De imposante gebouwen weerspiegelen in hun architectonische veelzijdigheid de lange geschiedenis van de natie. Ze worden ook graag gezien als de bakermat van de democratie.

Het British Empire bereikte zijn hoogtepunt onder koningin Victoria. Het beroemdste voorbeeld van de breed uitwaaierende smaak van de periode die haar naam draagt, is de klokkentoren van het parlement. Sinds 2012 heet hij weliswaar Elizabeth Tower, maar hij is over de hele wereld bekend als de **Big Ben** 7. Dat is eigenlijk alleen de naam van de grote klok, waarvan de diepe klank, de Westminsterslag, wereldwijd beroemd is.

Op bezoek bij de Queen

De roodgeverfde straat van Trafalgar Square naar Buckingham Palace heet **The Mall**. Aan de ene kant ligt **St James's Park** (▶ blz. 84), aan de andere kant staan grandioze *town houses* en paleizen, zoals **St James's Palace** 8 (▶ blz. 82) – nog altijd de officiële residentie van het Britse koningshuis –, **Clarence House** 9 en **Lancaster House** 10, een gebouw van Christopher Wren, waarin tegenwoordig het Commonwealth-secretariaat zetelt.

Aan het eind van de Mall staat, omgeven door hoge muren en gietijzeren hekken, het reusachtige **Buckingham Palace** 11. Normale mensen hadden alleen toegang tot het paleis ('Buck House') als ze door de Queen met een orde of adellijke titel werden beloond of voor een Garden Party waren uitgenodigd. Sinds 1992, door de koningin het *annus horribilis* genoemd, is dat veranderd. In dat jaar beleefde de koninklijke familie twee stukgelopen huwelijken en een scheiding. Bovendien werd Windsor Castle getroffen door een verwoestende brand. De koninklijke huishouding had geld nodig voor de kostbare reparaties en kwam op een idee: de negentien *state rooms* (staatsievertrekken) werden opengesteld voor betalende bezoekers – weliswaar alleen in augustus en september, als de *royal family* zich op haar kasteel in Schotland heeft teruggetrokken. In 1703 werd het paleis gebouwd voor de Duke of Buckingham. Koninklijke residentie werd het gebouw pas toen George III het in 1775 kocht voor zijn koningin Charlotte von Mecklenburg-Strelitz, met wie hij vijftien kinderen kreeg. Pas in de 19e eeuw werd het gebouw officieel residentie van een regerende monarch. Victoria was de eerste die het paleis betrok.

OM DE HOEK

Het **Institute of Contemporary Arts (ICA)** 12 (Instituut voor Hedendaagse Kunst, The Mall, SW1Y 5AH, www.ica.org.uk, di.-zo. 11-23 uur, £ 1) werd in 1947 door een collectief van schrijvers, kunstenaars en critici gesticht. Het biedt kunst en trends op het gebied van film, theater, fotografie en muziek. Sinds 1968 is het Instituut gevestigd in het Carlton House Terrace tegenover de vroegere Pruisische ambassade, nu zetel van de **Royal Society** 13.

In St James's Park, sinds Henry VIII het park waar koningen wandelden of jaagden, kun je nu lekker in een ligstoel chillen.

H HEAR HEAR

Je hebt op de televisie vast weleens het traditionele 'Hear Hear!' van de Britse **parlementariërs** gehoord. Doet het je niet een beetje denken aan het blaten van schapen? Als je de wonderlijke mengeling van ouderwetse rituelen, wonderlijke gedragingen en ordinaire scheldpartijen van de afgevaardigden wilt meebeleven, is dat tijdens de zittingsperioden van het House of Commons zonder veel formaliteiten mogelijk. Je hoeft je alleen maar aan te sluiten in de rij van nieuwsgierigen voor de St Stephen's Entrance.

3

Kroningskerk en nationaal monument – **Westminster Abbey**

Je hoeft geen monarchist te zijn om de betekenis van Westminster Abbey in te schatten. Ook al maakt de eindeloze stroom bezoekers het soms moeilijk de grafstenen en gedenkplaten te bekijken, het is toch duidelijk voelbaar hoe diep deze kathedraal is geworteld in het historisch bewustzijn van de Britten.

'The Light of the Spirit', een licht- en geluidspektakel van Patrice Warrener, toverde in januari 2016 een fantastisch kleurenspel op de gevel van Westminster Abbey.

De abdij bestond al in 960, maar kreeg pas enige betekenis door Willem de Veroveraar. Hij liet zich hier in 1066 tot koning kronen, tweeënhalve maand na de overwinning bij Hastings. Sindsdien is Westminster Abbey de kroningskerk van het land – in totaal 38 koningen werden hier gekroond. Hendrik III liet halverwege de

13e eeuw een deel van de oude abdij slopen en een nieuwe, grotere abdij bouwen in Anglo-Franse, vroeggotische stijl. Dat is grotendeels de kerk die we nu nog zien. Overigens zitten er vijf eeuwen tussen de eerste steenlegging van Hendrik en de bouw van de torens door Nicholas Hawksmoor, een leerling van Christopher Wren.

Een verfrissend stukje groen in de schaduw van Westminster Abbey

Moderne martelaren

Het **westportaal** 1 van de Abbey wordt sinds 1998 gesierd door moderne beelden van tien van de bekendste martelaren uit de moderne tijd, mannen en vrouwen die voor hun geloof zijn gestorven. De Duitse pastoor Dietrich Bonhoeffer, die een maand voor het eind van de Tweede Wereldoorlog in concentratiekamp Flossenbürg werd terechtgesteld, is er een van, net als de Duits-Poolse franciscaner monnik Maximilian Kolbe, die zich in Auschwitz voor een andere gevangene opofferde. Er is ook een beeld van de Amerikaanse burgerrechtenactivist Martin Luther King, die in 1968 werd vermoord.

Wie meer wil dan alleen een blik op de gevel zal misschien door de toegangsprijzen worden afgeschrikt. Hier geldt echter net als overal: alles heeft zijn prijs! Binnen worden meer dan drieduizend hoogwaardigheidsbekleders, regenten en beroemdheden herdacht. Laat je door dat getal niet in de war brengen!

K
KERK

Dat Westminster Abbey het centrum van de Anglicaanse Kerk is, zou je bijna vergeten. Over theologische vraagstukken wordt in de universiteitsstad Canterbury in het graafschap Kent beslist. Want de **aartsbisschop van Canterbury** is het hoofd van alle anglicanen op de wereld. Zijn zetel bevindt zich echter in Lambeth Palace in Londen, op de zuidoever van de Theems.

Hoge rangen, beroemde namen

Een zwarte plaquette in de vloer van het **schip** 2 verwijst naar het **graf van de onbekende soldaat**. Hier ligt altijd een krans van kunstpapavers, de bloem waarmee het land op 11 november, Armistice Day, de Engelse soldaten herdenkt die in de Eerste Wereldoorlog zijn gevallen.
Niet ver daarvandaan vindt u een gedenkplaat voor **Winston Churchill**, de bekende premier, en in het midden van het schip ligt het graf van de in 1873 overleden **ontdekkingsreiziger** David Livingstone. Iets verderop, naast de **muur van het koor** 3, wordt herinnerd aan **wetenschappers** als Isaac Newton en Charles Darwin. Tot de dichters die in de **Poet's Corner** 4 worden herdacht behoren natuurlijk ook grote namen als Byron en Shakespeare. De graven van koninginnen, koningen en hun echtgenotes en echtgenoten zijn over de

gehele abdij en haar kapellen verdeeld. Zo hebben Maria Stuart en haar tegenstander Elizabeth I op gepaste afstand van elkaar hun laatste rustplaats gevonden, de eerste in het zuidelijke schip, en de ander in de apsis van de Lady Chapel.

John Leland, de bibliothecaris van Hendrik VIII, noemde de **Lady Chapel** 5 aan het hoofdeinde van de kerk met recht *'the wonder of the entire world'* – een wereldwonder. Dit is de grootste Mariakapel van het land en het laatste meesterwerk van Engelse middeleeuwse architectuur. Zeer indrukwekkend is het gewelfde cassetteplafond. Elke bezoeker is ervan onder de indruk. Dat langs de muren 95 heiligenbeelden staan, draagt daar nog eens extra aan bij. Hier bekruipt je een gevoel van eerbied en verwondering, zeker bij de aanblik van het graf van Hendrik VII en zijn gemalin Elizabeth of York.

Oase van rust

Wie genoeg krijgt van de mensenmassa's in de kerk, vindt rust in de kruisgang, de **Great Cloister** 6 – hier is het stil en ontspannen, bijna idyllisch. Als er tenminste geen evenement is georganiseerd, zoals de modeshow van het Huis Gucci in juni 2016. Zoiets blijft de **College Garden** 7 bespaard, die meer dan negenhonderd jaar geleden als kruidentuin werd aangelegd. Deze fraaie particuliere tuin van de Abbey kan helaas alleen op sommige dinsdagen en donderdagen worden bezocht. Het gebouw aan de noordkant van de tuin, het voormalige dormitorium van de monni-

Spookt het in de Great Cloister? – Nee hoor, het is een jongenskoor in roodwitte misdienaargewaden.

INFO EN OPENINGSTIJDEN

Westminster Abbey: tel. 020 72 22 51 52, www.westminster-abbey.org, ma., di., do.-za. 5.30 uur (zo. alleen voor diensten), £ 20, met korting £ 17, tot 16 jaar £ 9, tot 11 jaar toegang gratis.
Planning: Voor een uitgebreid bezoek aan de Abbey moet u minstens een halve dag uittrekken.

ETEN EN DRINKEN

In de voormalige voorraadkelder van de monniken werd het **Cellarium** ❶ (20 Dean's Yard, tel. 020 72 22 05 16, www.cellariumcafe.com, ma.-vr. 8-18, za. 9-17, zo. 10-16 uur, hoofdgerecht ca. £ 12) ingericht. Onder de historische witgekalkte gewelven of in de lichte café-bar met terras kunt u heerlijk bijkomen.

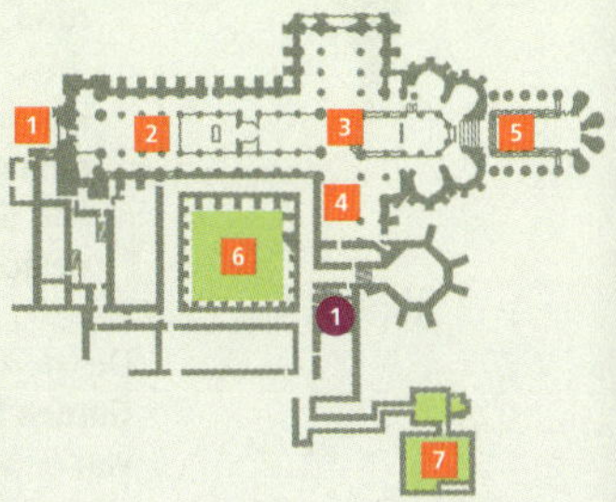

Uitneembare kaart F 4 | **Station** Westminster of St James's Park

ken, doet nu dienst als *great hall* van de elitaire **Westminster School**. Aan de middeleeuwse zuidmuur kun je zien hoe breed de Theems vroeger was, voordat de oever in de victoriaanse tijd werd versterkt. Tegenwoordig zit er ongeveer 45 m tussen de 'Waterpoort' en de rivier.

OM DE HOEK

Ten westen van de Westminster Abbey wijst de 83 m hoge campanile de weg naar **Westminster Cathedral** (42 Francis Street, SW1P 1QW, tel. 020 77 98 90 55, westminstercathedral.org.uk, ma.-vr. 9.30-17, za., zo. 9.30-18 uur, volwassenen £ 6, korting £ 3, gezin £ 12), de hoofdkerk van de katholieken van Engeland en Wales. In tegenstelling tot zijn anglicaanse broertje – die oorspronkelijk ook katholiek was – werd deze pas in 1903 geopend. Driehonderd jaar lang was er geen katholieke kerk in Engeland, nadat Hendrik VIII zich van Rome had afgescheiden, omdat de paus zijn huwelijk met Anne Boleyn nietig had verklaard. Het godshuis in neobyzantijnse stijl geldt als laatste grote voorbeeld van victoriaanse architectuur. De Viewing Gallery biedt een prachtig uitzicht over Westminster en de aangrenzende stadsdelen.

P
PREBENDEN

Geld of liefde? Wat zou Hendrik VIII tot zijn breuk met Rome hebben bewogen? Daarover zijn de geleerden het niet eens. Theologische vraagstukken hebben bij de stichting van de **Anglicaanse Kerk** zeker ook een rol gespeeld. Ongetwijfeld verlangde de koning naar een troonsopvolger, maar vooral toch naar de rijkdom van de katholieke kerken en kloosters in het land, om zijn vele veldtochten te kunnen bekostigen.

#4

Groeten uit Italië – **Covent Garden**

Op zomeravonden is Covent Garden Piazza 'the place to be'. In de restaurants, winkels en pubs rond de piazza is het vooral 's avonds razend druk. De Londenaren zitten gezellig buiten, kijken naar de straatartiesten en luisteren naar de muziek van saxofonisten. De fraaie aanblik van de wereldberoemde Koninklijke Opera op de achtergrond is alleen iets voor de toeristen.

De in 1630 door Inigo Jones ontworpen **Covent Garden Piazza** 1 is het onmiskenbare middelpunt van de wijk en maakt dat je je er bijna op vakantie in Italië voelt. Wat niet zo vreemd is, want Jones was een liefhebber van Italiaanse architectuur en leerling van Andrea Palladio en zorgde ervoor dat de Engelse architectuur zich openstelde voor het classicisme.

In Covent Garden Market zul je je zeker niet vervelen – of je nu gaat winkelen of je door de straatartiesten laat vermaken.

Een oude markthal in een nieuw jasje

Tot halverwege de 17e eeuw woonden er in Covent Garden vooral welgestelde burgers. Toen kwam de groente- en fruitmarkt. Deze werd steeds groter en verdreef uiteindelijk de deftige bewoners. Kroegen, cafés, theaters en bordelen trokken een ander publiek. Rond de oude markthal nam de verkeerschaos door de jaren heen zo toe dat de markt in 1974 naar de rand van de stad werd verplaatst.

Destijds had het weinig gescheeld of de wijk was met de grond gelijkgemaakt. De elegante gebouwen uit 1830 zouden moeten plaatsmaken voor kantoorpanden – maar uiteindelijk zegevierden een burgerinitiatief en het gezond verstand. Nu is het in de overdekte **Covent Garden Market** 1 met zijn vele kleine winkels weer razenddruk. Mode, delicatessen, thee, antiek of kunstnijverheid – hier vind je alles, ook bijzondere souvenirs.

Voor een bezoek aan de stad heeft Shaun het schaap zich flink opgedoft.

Koninklijk amusement

Covent Garden is een vast onderdeel van het Londense uitgaansleven. Hier ontmoeten jong en oud elkaar de hele dag door en de hele avond lang. En hoewel de wijk veel te druk is, heeft hij toch een heel eigen charme. Daarvoor zorgen vooral de prachtige markthallen, de oude gebouwen rond de Piazza, de indrukwekkende gevels van de vele theaters, de restaurants, cafés en pubs. Daartussen vind je ook een paar oasen, zoals de stille kerktuin van de **St Paul's Church** 2.

Het **Royal Opera House** 1 – in 1732 geopend – is sinds 1847 het grootste operagebouw van Londen en een van de beroemdste ter wereld. Een optreden in Covent Garden is de droom van internationale operazangers en balletdansers. Het is niet eenvoudig om aan kaarten voor een voorstelling te komen, want iedereen wil erheen. De kledingvoorschriften zijn informeel, je kunt er gewoon in jeans naartoe.

S STERREN

Sterren kijken? Op gepaste afstand, dat spreekt. In de bescheiden **St Paul's Church** 2 komt de elite van het Britse film- en theaterleven regelmatig bij elkaar. Tenslotte is de St Paul's al sinds 1662 het godshuis van het toneelspelersgilde. Hier worden herdenkingsdiensten gehouden voor alle grote acteurs. Tijden vind je op de website van de 'Actors Church', die ook als decor voor de openingsscène van de musical 'My Fair Lady' diende.

In de bak is nog een kamer vrij

Het in 2006 gesloten gerechtsgebouw tegenover de Opera, **Bow Street Magistrates' Court** 3, is een begrip voor elke Londenaar. In 1740 kwam hier voor het eerst een rechtbank bijeen. Het huidige gebouw stamt uit 1881. Tot de beroemdste aangeklaagden behoren Giacomo Casanova, de suffragettes Emmeline en Christabel Pankhurst, Oscar Wilde en de Chileense dictator generaal Pinochet. Het gebouw moet in de toekomst als boetiekhotel van zijn vroegere roem profiteren.

Excentriek shoppen

In de **Pollock's Toyshop** 1 in de markthal worden nog victoriaanse papieren theaters en figuren verkocht. Oospronkelijk kostte een zwart-wit-theater een penny, in kleur twee penny's. Deze uitknipplaten waren vroeger ook in Nederland te

INFO EN OPENINGSTIJDEN

St Paul's Church 2: Ingang Bedford St., www.actorschurch.org, ma.-vr. 8.30-17, za. op afspraak, zo. 9-13 uur.
Covent Garden Market 1: 130 King Street, www.coventmarket.com, ma.-do., za. 8-18, vr. 8-19.30, zo. 11-16 uur.
Pollock's Toyshop 1: 44 The Market, Covent Garden, www.pollocks-coventgarden.co.uk, ma.-wo. 10.30-18, do.-za. 10.30-18.30, zo. 11-18 uur.
Penhaligon's 2: 41 Wellington Street, www.penhaligons.com, ma.-wo. 10-18, do.-za. 10-19, zo. 12-18 uur
Stanfords London 3: 12-14 Long Acre, www.stanfords.co.uk, ma.-za. 9-20, zo. 11.30-18 uur.
Royal Opera House 1: Bow Street, tel. 020 73 04 40 00, www.roh.org.uk, rondleidingen ma.-vr. 10.30, 12.30, 14.30, za. 10.30, 11.30, 12.30 uur, £ 10,50/9,50.

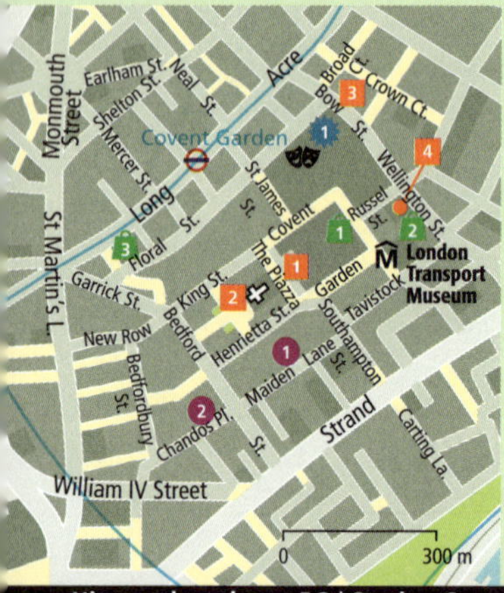

ETEN EN DRINKEN

Het oudste restaurant van Londen werd in 1798 geopend. **Rules** 1 (35 Maiden Lane, tel. 020 78 36 53 14, www.rules.co.uk, ma.-za. 12-23.45, zo. 12-22.45 uur, hoofdgerechten vanaf £ 35) belichaamt Britse elegantie zonder stoffig aan te doen. Dat geldt ook voor het publiek. Hier kwamen van oudsher vooral vleeseters aan hun trekken. Ook nu nog loopt hen bij het zien van het menu het water in de mond: Schots wild van hun eigen *estate*, rund van een kleine *farm* in Schotland of zeldzame lamssoorten uit Lincolnshire. Traditionele Engelse cuisine met de beste ingrediënten! Ambiance en kwaliteit rechtvaardigen de hoge prijsklasse.
Veel goedkoper eet je in **Wahaca** 2 (66 Chandos Place, tel. 020 72 40 18 83, www.wahaca.co.uk, ma.-za. 12-23, zo. 12-22.30 uur, £ 10). Londenaren houden van de ontspannen sfeer in deze Mexicaanse restaurantketen met elf vestigingen in de stad.

Uitneembare kaart F 3 | **Station** Covent Garden

In het Royal Opera House staat de crème de la crème op de planken, zoals het Bolsjoi-ballet met Het Zwanenmeer.

koop. Nu zijn ze leuk als souvenir. Ze zijn plat en passen uitstekend in de koffer; ze hebben iets echt nostalgisch.

Bij **Penhaligon's** 2, vlak bij de markthal, vind je zepen, geuren en badoliën, waarvan je waarschijnlijk nog nooit hebt gehoord. Wat denk je van een eau de toilette die 'Orange Blossom' heet of de body cream 'Vanity'? Neem de tijd! In dit kleine, maar fijne winkeltje is tot nu toe elke klant geslaagd.

Wil je niet alleen Londen verkennen, maar ook andere steden en andere landen? Dan moet je bij **Stanfords London** 3 zijn. Hier vind je het grootste aanbod aan landkaarten, stadsplattegronden en reisgidsen ter wereld. Vraag maar eens naar de *scratch map*. Dat is een wereldkaart op posterformaat, waarop je de landen die je al hebt bezocht, kunt wegkrassen. Hang hem in de keuken of op de wc. Gegarandeerd succes!

OM DE HOEK

Het **London Film Museum** 4 (45 Wellington Street, WC2E 7BN, tel. 020 72 02 70 40, www.londonfilmmuseum.com, ma.-wo., vr. 10-17, do. 11-17, za. 10-18, zo. 11-18 uur, £ 13,50, 6-15 jaar £ 9,50, tot 5 jaar gratis toegang) biedt al het denkbare wat je maar zou willen weten over de internationale film, zoals rekwisieten uit films als *Superman*, *Star Wars*, *Batman* en het gangsterteam uit *The Italian Job*. Aan Charlie Chaplin is een aparte tentoonstelling gewijd.

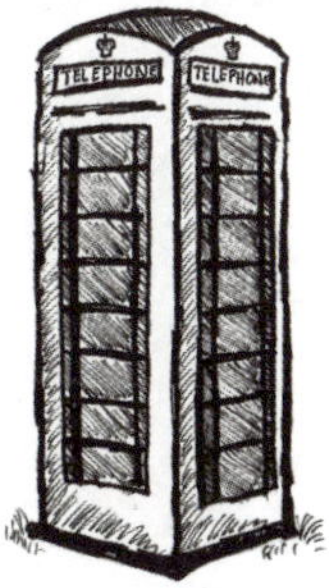

5

Een geheel eigen kosmos – **Soho en Londens Chinatown**

Geen enkele andere Londense wijk biedt zo'n kleurrijke mengeling van mensen op zo'n klein grondgebied: zakenlieden en kantoorpersoneel, filmers en kunstenaars, stripteasedanseressen en mannelijke prostituees, daklozen, marktvrouwen, kooplieden, theaterbezoekers, jazzliefhebbers en feestvierders leven in de wijk Soho vreedzaam naast elkaar.

In de 17e eeuw bouwde de adel in Soho mooie woonhuizen, maar al gauw verkasten de hogere klassen naar het naburige Mayfair en ging het met Soho snel bergafwaarts. De wijk werd een opvangplaats voor vluchtelingen: er kwamen hugenoten uit Frankrijk, joden uit Rusland en Polen, Italianen, Ieren, Grieken. Onder hen waren veel dichters en denkers, kunstenaars en musici, zoals

Soho is excentriek, maar biedt ook heel gewoon winkelgenot.

Richard Wagner, die aan zijn Duitse schuldeisers wilde ontsnappen, Karl Marx en de Franse dichter Arthur Rimbaud.

Oase te midden van grote drukte

Soho Square is een goede uitvalsbasis om de buurt te verkennen. Rond lunchtijd zitten hier veel werknemers van de kantoren en winkels uit de omgeving met een broodje en een beker koffie op het gras. Er staan twee kerken aan het plein. De **French Protestant Church of London** 1 werd aan het eind van de 19e eeuw gebouwd en staat van de 23 hugenotenkerken die Londen ooit bezat als enige nog overeind. Schuin daartegenover staat **St Patrick's Church** 2, die in 1792 als eerste katholieke kerk van het land na de Engelse Reformatie werd ingewijd.

O OVERIGENS

'Soho!' 'Soho' was een oude jachtkreet in het gebied tussen Charing Cross en Regent Street. Voor het zich tot een stadsdeel van Londen ontwikkelde, was dit gebied namelijk een koninklijk jachtterrein.

Het volle leven

Op **Old Compton Street** klopt het hart van Soho. Hier staat de tijd niet stil, hier wordt volop geleefd. Hier gaan hard werken en mateloos plezier maken naadloos in elkaar over. Dat ligt niet in de laatste plaats aan de vele homotenten, cafés, sexshops, reisbureaus, advocaten- en makelaarskantoren die er te vinden zijn. Daarnaast zijn er ook traditionele winkels, zoals het in whisky gespecialiseerde **Vintage House** 1 met een assortiment van ongeveer tweeduizend verschillende soorten van het geestrijke vocht. De **Algerian Coffee Stores** 2 bieden zo'n 140 koffiemelanges en tweehonderd theesoorten aan en bij **Gerry's Wines and Spirits** 3 vindt u de beste sterkedranken van de wereld, waaronder alleen al 180 soorten rum.

In Soho zul je niet snel verhongeren! Goede cafés en restaurants met vriendelijke bediening vind je overal in deze wijk.Vooral rond lunchtijd is het hier druk. Zakenlieden gaan lunchen bij **Gay Hussar** 1, een Londens instituut uit de tijd dat het woord *gay* nog 'vrolijk' betekende, of in het elegante **Quo Vadis** 2. Van 1851 tot 1856 woonde Karl Marx met zijn gezin in dit gebouw, onder de erbarmelijkste omstandigheden. Toeristen en kantoorpersoneel komen zich te goed doen in broodjeszaken, bijvoorbeeld bij **Hummus Bros** 3. Velen komen ook af op de iets duurdere broodjeszaken in Lexington Street, zoals **Fernandez & Wells** 4. Probeer *grilled chorizo, roasted red peppers* of

Van een punkkapsel kijkt in Soho niemand op.

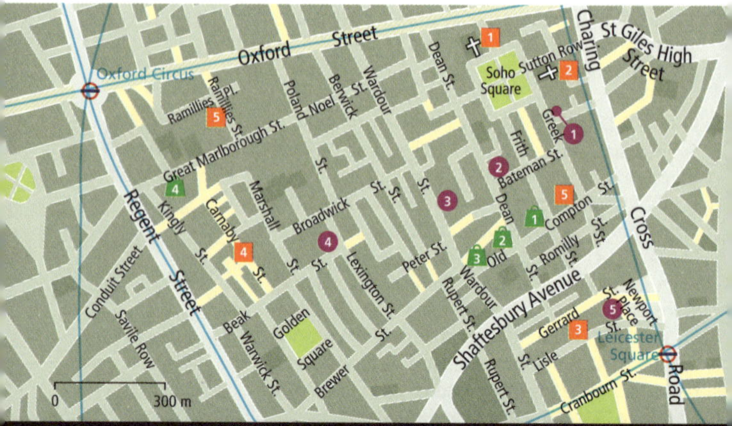

Uitneembare kaart D/E 2/3 | **Station** Tottenham Court Road, Leicester Square, Oxford Circus

INFO EN OPENINGSTIJDEN

Gay Hussar 1: 2 Greek Street, tel. 020 74 37 09 73, www.gayhussar.co.uk, ma.-za. 12-15, 17.30-23.30 uur, £ 25.
Quo Vadis 2: 26-29 Dean Street, tel. 020 74 37 95 85, www.quovadissoho.co.uk, ma.-za. 12-15, 17.30-23, vanaf £ 35.
Hummus Bros 3: 88 Wardour Street, tel. 020 77 34 13 11, www.hbros.co.uk, zo.-wo. 12-22, do.-za. 12-23 uur, £ 5,50.
Fernandez & Wells 4: 43 Lexington Street, tel. 020 77 34 15 46, www.fernandezandwells.com, ma.-vr. 11-22, za., zo. 12-22 uur, vanaf £ 5.
Canton 5: 11 Newport Place, tel. 020 74 37 62 20, zo.-do. 12-23.30, vr., za. 12-0.30 uur, £ 8.
Vintage House 1: 42 Old Compton Street, www.sohowhisky.com, ma.-vr. 9-23, za. 9.30-23, zo. 12-22 uur.
Algerian Coffee Stores 2: 52 Old Compton Street, www.algcoffee.co.uk, ma.-wo. 9-19, do.-vr. 9-21, za. 9-20 uur.
Gerry's Wines and Spirits 3: 74 Old Compton Street, www.gerrys.uk.com, ma.-do., za. 9-18.30, vr. 9-19.30, zo. 12-18 uur.
Liberty 4: Great Marlborough Street, www.liberty.co.uk, ma.-za. 10-21, zo. 12-18 uur.

rocket in olive oil. Alles is gegarandeerd vers bereid. Je kunt ook een broodje naar eigen smaak laten samenstellen.

Welkom in het Rijk van het Midden

In de zuidhoek van Soho ligt Chinatown ofwel **Tong Yahn Gai 3**, zoals Chinezen overal ter wereld hun wijk in den vreemde noemen. In Londen wonen meer dan 125.000 Chinezen. De eersten vestigden zich in het havengebied, maar ze openden hun winkels in het stadscentrum, om precies te zijn rond **Gerrard Street**. Zelfs de straatnaambordjes zijn hier in het Chinees. Vanzelfsprekend begint hier het nieuwe jaar in februari met de traditionele drakendans.

Chinezen wonen verspreid over Londen, maar in het weekend komen ze naar Tong Yahn Gai, om te eten, om naar de Chinese apotheken, supermarkten en boekwinkels te gaan of een van de speelhallen te bezoeken, waar overigens alleen Chinezen worden toegelaten. De Chinese cafés laten iedereen toe. Ze zijn druk, want de gerechten zijn goedkoop, vers en ruimbemeten, zoals in **Canton** 5. Laat je niet ontmoedigen door de eenvoudige inrichting. Een van de populairste hapjes is gegrild varkens- en eendenvlees met rijst.

De bakermat van de minirok

Carnaby Street 4, waar in de jaren 60 en 70 van de vorige eeuw heel *Swinging London* zich thuis voelde, is wel een omweg waard. De straat stond symbool voor het nieuwe, brutale Londen, waar de *Dedicated follower of fashion* de juiste mode voor zijn of haar lifestyle vond. Toen de euforie van *Swinging London* voorbij was, verviel de straat tot een goedkope toeristenval, tot hij in 2010, ter gelegenheid van zijn vijftigjarig jubileum, opnieuw opbloeide.

Een groet van de Swinging Sixties! Vanuit Carnaby Street begon de minirok aan zijn triomftocht door de wereld.

Het in faux-tudorstijl gebouwde chique warenhuis **Liberty** 4 is een Londens instituut en over de hele wereld bekend vanwege zijn bedrukte stoffen en sjaals. De gevel is een bezienswaardigheid op zich, maar ook binnen doet Liberty aan een filmdecor denken. Tientallen jaren lang was dit het mekka voor Engelse dames met conservatieve smaak. Om tegen de concurrentie te kunnen opboksen, is het warenhuis iets moderner geworden. Ontwerpers van wereldklasse zijn binnengehaald. De stoffen zijn gebleven – ze zien er nu wel iets flitsender uit.

OM DE HOEK

De in 1971 geopende **Photographers' Gallery** 5 (16-18 Ramillies Street, W1 7LW, http://thephotographersgallery.org.uk, di.-wo., vr. 10-18, do. 10-20, zo. 11.30-18 uur) was de eerste onafhankelijke galerie in Engeland, die uitsluitend aan fotografie was gewijd. Hier zie je werk van de met 30.000 euro beloonde winnaars van de Deutsche Börse Photography Prize. Een must voor fotoliefhebbers!

6

De schatkamer van het Empire – **het British Museum**

Waar teren de Britten ook nu nog op? Natuurlijk op de herinnering aan de glorierijke tijden van het Empire. Er is haast geen betere plaats te bedenken dan het British Museum in Bloomsbury om die periode tot leven te brengen. In 94 zalen kun je bewonderen wat Britse archeologen, plunderaars en ontdekkingsreizigers mee naar huis hebben genomen.

Het **British Museum** 1 is niet zomaar al vele jaren de grootste toeristische attractie van Londen. Bedenk van tevoren wat je wilt zien. De keus is gewoon te groot. Wil je Egyptische mummies bekijken of de mozaïeken van de Azteken? Of ben je meer geïnteresseerd in Chinese vazen? Laat je,

Wow, wat groot! Beelden van de Egyptische farao Ptolemaeus II.

als je een keus hebt gemaakt, niet afleiden en blijf bij je keus. Anders wordt een museumbezoek pure stress. Dat is duidelijk af te lezen aan de uitgeputte gezichten van veel bezoekers bij de uitgang. Wie zonder plan door de ontelbare zalen van het museum rent, kan zich aan het eind niets meer herinneren van wat hij gezien heeft.

In steen uitgehakt

In **zaal 4** kunt u een in steen uitgehakt woordenboek bewonderen. De **Steen van Rosetta** is een van de belangrijkste voorwerpen van het museum en maatgevend voor de ontwikkeling van de moderne egyptologie. Dat kon niemand vermoeden toen de onopvallende basalten plaat in 1799 in het Nijldal werd gevonden.

De betekenis ervan werd pas duidelijk toen werd ontdekt dat ongeveer 2200 jaar geleden in het Egyptische Memphis in de steen een dankwoord van priesters aan een van de Ptolemeïsche koningen was gebeiteld, en dat in drie talen: in het oud-Grieks, het demotische schrift en Egyptische hiëroglyfen. Dat stelde archeologen voor het eerst in staat niet alleen de Egyptische hiëroglyfen te ontcijferen, maar ook te bewijzen dat het om een fonetisch schrift ging.

Toen de secretaris-generaal van de Egyptische Hoge Raad van antiquiteiten eind 2009 voor het laatst om teruggave vroeg, kreeg hij een onverbiddellijk 'no' te horen. Daarin zijn de Britten keihard.

Steen des aanstoots

Veel tijd en onverdeelde aandacht verdient **zaal 18**. Je kunt hem het best bekijken aan het eind van je rondgang, zodat de voorwerpen hun uitwerking niet zullen missen.

De indrukwekkende zaal vormt de gepaste omgeving voor de beroemdste stenen van het British Museum, de zogenaamde **Elgin Marbles**. Het gaat hier gewoon om geroofd goed. De fragmenten – beelden en reliëfs van een fries uit de 5e eeuw v.Chr. – komen van het Parthenon van de Acropolis in Athene. Ze werden tussen 1801 en 1804 door de Britse diplomaat lord Elgin naar Engeland gebracht en aan de staat verkocht.

Al vele tientallen jaren lang eisen de Grieken hun eigendommen terug, maar Londen weigert erop

O OVERIGENS

De locatie van het British Museum is wel heel erg passend: **Bloomsbury** is de wijk van het leren en denken. In vrijwel elke straat zit wel een beroemde universiteit of een topcollege.

Jawel, er zijn ook Engelse objecten in het museum te vinden, zoals deze bronzen helm, die aan koning Raedwald zou hebben toebehoord en in Sutton Hoo (Suffolk) in een Angelsaksisch scheepsgraf uit de 7de eeuw is gevonden.

in te gaan. En met welke argumenten eigenlijk? Ze beweren dat de beelden allang niet meer zouden bestaan als Elgin ze niet had 'gered' en naar Engeland had overgebracht. In mei 2016 sloot de Griekse minister van Cultuur een klacht voor het internationale gerechtshof niet uit. In het nieuwe Acropolismuseum in Athene wordt een complete zaal vrijgehouden in de hoop dat de Elgin Marbles ooit naar huis zullen terugkeren. Voorlopig hebben de Grieken echter andere zorgen.

INFO EN OPENINGSTIJDEN

British Museum 1: Great Russell Street, tel. 020 73 23 80 00, www.britishmuseum.org, za.-do. 10-17.30, vr. 10-20.30 uur, toegang gratis, speciale tentoonstellingen vanaf £ 10.
Great Court: in het museum, dag. 9-18, vr. 9-20.30 uur.

ETEN EN DRINKEN

Van cultuur krijg je trek. Direct op de volgende hoek vind je het uitstekende Turkse restaurant **Tas** 1 (22 Bloomsbury Street, tel. 020 76 37 45 55, www.tasrestaurants.co.uk, dag. 12-23.30 uur, ca. £ 10) met een breed assortiment vlees-, vis- en vegetarische gerechten. Wie meer van Aziatisch houdt, gaat naar het ook in Nederland en België bekende **Wagamama** 2 (4 Streatham Street, tel. 020 73 23 92 23, www.wagamama.com, zo.-do. 10.30-22, vr., za. 11.30-23, zo. 11.30-22 uur, ca. £ 8). De keuken is panaziatisch te noemen met *udon* of *soba* (Japanse tarwe- of boekweitnoedels). U kunt hier ook gefrituurde inktvis en varkensvlees bestellen.

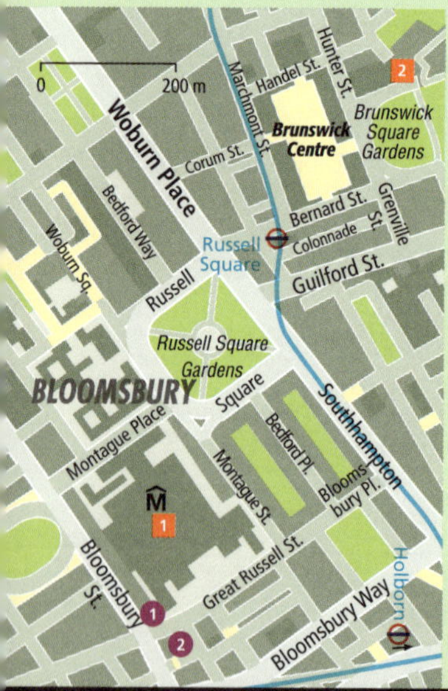

VONDSTEN

De **Gift Shop** van het British Museum 1 biedt behalve T-shirts, mokken en boeken die op de exposities aansluiten ook kopieën van Keltische, Indiase of Egyptische sieraden. De keus is reusachtig. Schakers zullen de mooie 'Lewis-stukken' waarderen. De echte zijn van walrusivoor en stammen uit de tweede helft van de 12e eeuw. Ze werden in 1831 op het Schotse Isle of Lewis gevonden. Afhankelijk van de grootte kosten ze £ 45, £ 199 of £ 550. Vergeleken met de bronzen kop van Apollo (£ 650) – het origineel stamt uit 470-460 v.Chr. – is een boeddhabeeld een koopje (£ 195).

Uitneembare kaart F 1/2 | **Station** Tottenham Court Road, Holborn, Russel Square

Zwarte magie

In 1897 stuurde de Engelse regering een strafexpeditie naar Benin in het huidige Nigeria. De soldaten plunderden onder andere het paleis van de koning en roofden meer dan tweeduizend kunstvoorwerpen. Daaronder bevonden zich honderden in brons gegoten platen en beelden uit de 16e tot 18e eeuw, die van zo'n grote kunstzinnige ontwikkeling getuigden dat de Europeanen in eerste instantie betwijfelden of zwarte Afrikanen deze kunstwerken wel hadden kunnen maken. De directie van het British Museum is bijzonder trots op deze zeer kostbare collectie in **zaal 25**. Dat Nigeria al jarenlang vraagt om teruggave van deze voorwerpen laat de Britten koud.

Grandioze zalen

Een van de minst omstreden hoogtepunten van het museum is de **Great Court.** Toparchitect sir Norman Foster ontwierp deze lichtgalerij als overgang tussen de historische vleugels van het gebouw. Vooral de enorme glazen koepel is adembenemend. In het centrum van dit bouwkundige meesterwerk vind je de historische **Reading Room**, die al door Karl Marx en Lenin op waarde werd geschat. Hier is het de hele dag een komen en gaan van mensen. Toen Marx hier zijn *Kapitaal* schreef, was het er vast rustiger. Het voordeel is dat nu iedereen de Reading Room kan bezichtigen. Vroeger moest je er een speciaal ticket voor kopen, nu is hij voor alle bezoekers toegankelijk. Over zijn definitieve bestemming is echter nog niets besloten.

Met de Great Court in het British Museum schiep sir Norman Foster een architectonisch meesterwerk.

OM DE HOEK

Een paar straten verderop wacht een van de onbekendere musea van Londen op bezoekers: het **Foundling Hospital** 2 (40 Brunswick Square, WC1N 1AZ, http://foundlingmuseum.org.uk, di.-zo. 11-17 uur). Het is in 1739 als weeshuis gesticht, maar ontwikkelde zich al snel tot eerste openbare galerie van het land. Hier zijn vooral schilderijen van Engelse schilders als Hogarth, Reynolds en Gainsborough te zien. Georg Friedrich Händel liet de Foundling-stichting niet alleen een orgel na, maar ook het recht eenmaal per jaar zijn *Messias* uit te voeren.

#7

Kerk en financiën – **St Paul's Cathedral en City of London**

De indrukwekkende St Paul's Cathedral met zijn grandioze koepel behoort tot de grootste kathedralen van de wereld. Het zijn maar een paar stappen van dit historische symbool van het geloof naar de ultramoderne symbolen van de financiële macht in de City of London.

De Grote Brand van Londen, die in 1666 zo'n 80 % van de gebouwen in de City in de as legde, verwoestte ook de **St Paul's Cathedral** 1. Acht jaar later begon de architect Christopher Wren met de bouw van een nieuw godshuis, dat na de Sint-Pieter de op een na grootste kerk van Europa moest worden. Tot de dag van vandaag is de kathedraal het toneel van belangrijke vieringen, van

Verblind door de zon en soms ook door transacties van bankiers – de City of London.

de rouwdienst voor Winston Churchill in januari 1965 tot het huwelijk van prins Charles en lady Diana Spencer in juli 1981.

Een bescheiden genie

De geniale bouwmeester Wren wordt herdacht met een eenvoudige grafsteen met het opschrift: *Lector, si monumentum requiris, circumspice!* ('Lezer, als je een monument zoekt, kijk om je heen!'). In de kathedraal vind je vele andere **gedenkstenen en graven** van verdienstelijke staatsmannen en militairen. In de crypte is bijvoorbeeld behalve Wren ook admiraal Nelson bijgezet.

Vanaf een cirkelvormige rondgang in de machtige **koepel**, de zogenaamde Whispering Gallery, kun je van 30 m hoogte op het interieur van de kathedraal neerkijken. Vandaar kun je – mits je conditie het toelaat – naar de lantaarn klimmen die op de koepel staat. Van de **Stone** en **Golden Gallery** op 52 m, respectievelijk 85 m hoogte kijk je uit over heel Londen.

Aan sir Christopher Wren herinnert ook de **Temple Bar** 2 op het Paternoster Square bij de kathedraal. De architect had de boog oorspronkelijk aan de ingang van Fleet Street gepland, als ceremoniële toegang tot de City. Hij bleek daar echter het verkeer te hinderen en hij werd in 1878 afgebroken en belandde in het graafschap Hertfordshire. De Londenaren misten de boog echter zo dat ze de stenen begin van dit millennium weer opbouwden op een andere plaats in de City.

In het rijk van Mammon

Voor het portaal van de kathedraal strekt zich op de plaats van het Britse Londinium de **City of London** uit. Niet zonder reden heet dit autonome stadsdeel nog altijd *Square Mile* (vierkante mijl). Dat de City als een van de belangrijkste financiële centra van de wereld status en bekendheid geniet, hoeft niemand je meer te vertellen. Misschien wist je echter nog niet dat in het interessante **Mansion House** 3, op enkele minuten lopen van de St Paul's, de Lord Mayor van de City of London resideert. De Lord Mayor is het symbool van de onafhankelijkheid van de City van het bestuur van Groot-Londen. Dat mag dan wel heersen over de reusachtige metropool die Lon-

Het portaal van St Paul's doet aan Ken Folletts roman 'The pillars of the earth' denken, al speelt deze in een eerdere periode.

P
PSSST!

Het is te lawaaiierig in de St Paul's! Daarom verdient de **Whispering Gallery** zijn naam niet meer. In de tijd van Wren kon je hierboven elk woord verstaan dat in het schip van de kerk werd gefluisterd. Vanwege de vele bezoekers is dat verschijnsel tegenwoordig niet meer te verifiëren.

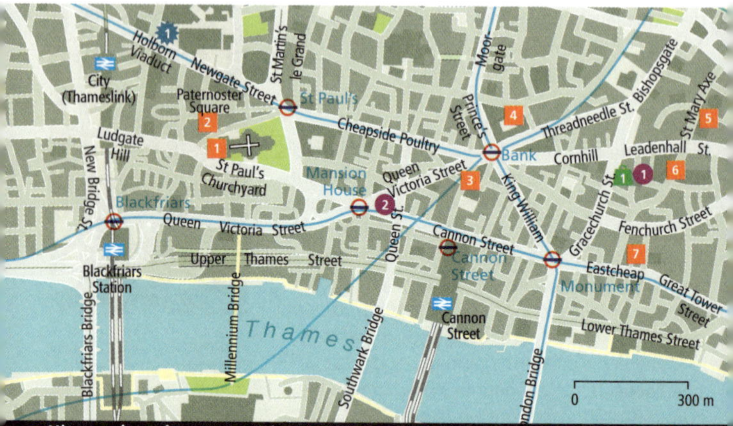

Uitneembare kaart J/L 2/3 | **Station** St Paul's, Mansion House, Banks

INFO EN OPENINGSTIJDEN

St Paul's Cathedral 1: tel. 020 72 46 83 46, www.stpauls.co.uk, ma.-za. 8.30-16.30 uur, rondleidingen: 10.45, 11.15, 13.30,14 uur, £ 18, met korting £ 16.
Mansion House 2: Cannon Street, tel. 020 76 26 25 00, www.cityoflondon.gov.uk, rondleiding di. 14 uur, £ 7 (graag om 13.45 uur aanwezig zijn en de gids contant betalen), max. 40 personen; bij officiële evenementen geen rondleidingen.
20 Fenchurch Street – Sky Garden 7: https://skygarden.london; uitzichtterras: ma.-vr. 10-18, za., zo. 11-21 uur, toegang gratis; twee restaurants en twee bars: dag. 7-1 uur, hoofdgerechten vanaf £ 15.
Leadenhall Market 1: Gracechurch Street, winkels ma.-vr. 10-18 uur, markt ma.-vr. 11-16 uur, restaurants en pub ma.-vr. 7-22.30 uur.
Lamb Tavern 1: 10-12 Leadenhall Market, tel. 020 76 26 24 54, www.thelambtavern.co.uk, ma.-vr. 11-23, keuken 12-21 uur, hoofdgerechten ca. £ 15.

ETEN EN DRINKEN

Londense bankiers vind je 's middags bij **Sweetings** 2 (39 Queen Victoria Street, www.sweetingsrestaurant.co.uk, ma.-vr. 11.30-15, hoofdgerechten vanaf £ 16), een echt instituut van de City of London, dat altijd vol zit. Het restaurant zit al sinds 1889 in dit gebouw en dat zie je aan de gevel. Op tafel komen traditionele visgerechten zonder veel poespas. Twee van de drie eigenaren die het restaurant in 1994 kochten, zijn ervaren vishandelaren. Als je een typisch Engels dessert wilt proeven, ben je hier aan het juiste adres. Reserveren is niet mogelijk. Bereid je voor op een lange wachttijd. Stamgasten weten dat, maar komen desondanks steeds terug.

den is, maar de burgemeester van Groot-Londen heet eenvoudigweg 'Mayor of London'.
Schuin tegenover het Mansion House staat de **Bank of England** 4. De City heeft nog altijd te lijden onder de gevolgen van de wereldwijde financiële crisis, maar aan de plaatselijke 'bankers' en 'brokers' is dat niet te merken. De uitslag van

het referendum van 2016, om de EU te verlaten, heeft de werknemers in de City meer geschokt.

De traditionele *bowler hat* dragen de bankiers niet meer. De tijd van de Engelse *gentlemen* met paraplu, charme en bolhoed zijn voorbij. Van de nieuwe tijd getuigt hoogbouw: hier staan het door sir Norman Foster ontworpen hoofdkantoor van **Swiss RE** 5 (30 St Mary Axe), in de volksmond *The Gherkin* (de augurk) genoemd, en het hoofdkantoor van verzekeringsmaatschappij **Lloyd's** 6, van de hand van toparchitect Richard Rogers. Er komen steeds nieuwe paleizen van glas en beton bij.

In de schaduw van de futuristische gebouwen vind je ook veel historische pubs en overdekte markten, zoals **Leadenhall Market** 1. Al ten tijde van de Romeinen werd hier handelgedreven. Bij de kramen kun je delicatessen kopen, maar ook sieraden. Verder vind je tussen de gietijzeren zuilen vooral broodjeszaken, restaurants en winkels waar het hongerige kantoorpersoneel van de City zich tegoed doet. Een van de bekendste Londense pubs, de **Lamb Tavern** 1, houdt hier sinds 1881 stand. Veel geslepen glas, dikke tapijten en glanzend gepoetst messing herinnert aan de bloeitijd van de victoriaanse pubcultuur. Bestel een pint en geniet van de sfeer.

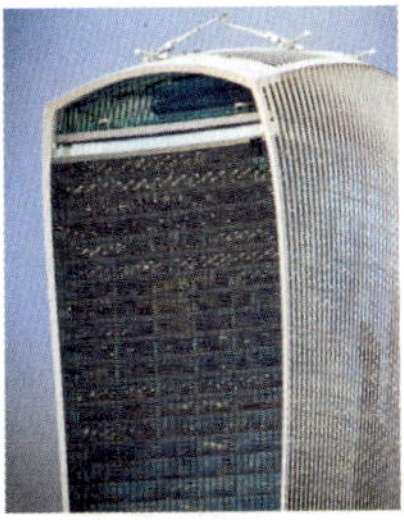

De flat aan 20 Fenchurch Street 7, in de volksmond treffend 'The Walkie-Talkie' geheten, pronkt met de wat twijfelachtige eer in 2015 de Carbuncle Cup als lelijkste gebouw van het jaar te hebben gewonnen. De naam van de prijs verwijst naar een opmerking van prins Charles, die dit soort gebouwen als 'steenpuisten' aanmerkte, die niet in zijn conservatieve beeld van architectuur pasten. Of het gebouw hem bevalt of niet, de ***Sky Garden*** *onder het glazen dak verrukt ook de grootste critici met een adembenemend uitzicht.*

OM DE HOEK

Griezelen is gratis in de **Viaduct Tavern** 1 (hoek Newgate Street/Giltspur Street, tel. 020 76 00 18 63, www.viaducttavern.co.uk, ma.-vr. 8.30-23 uur). Deze grote pub heeft een interieur met een victoriaanse uitstraling. Alleen al het plafond is de moeite waard, maar ook de wandschilderingen zijn prachtig. En dan hebben we het nog niet eens over de geslepen spiegels. In de pub zouden twee spoken huizen: het ene heet Fred. Hij woont in de kelder en sluipt af en toe omhoog, naar de bar. Het tweede behoort aan een prostituee, die hier werd vermoord en het leuk vindt om het licht op de wc uit te doen. Laat het even weten als je dit overkomt!

8

Van armenhuis tot hippe wijk – **Whitechapel**

Nergens beter dan in East End is te zien hoe het gezicht van Londen steeds weer verandert. Spitalfield, Stepney, Mile End, Lime House, Whitechapel – de stadsdelen, waar van oudsher altijd de armste inwoners van de stad terechtkwamen. Spoedig zal de wijk echter het domein zijn van welgestelde hipsters.

Petticoat Lane Market – lawaaierig, druk en benauwd, maar een ervaring die je niet mag missen. Bij een van de vele kramen vind je vast nog petticoats.

Whitechapel was altijd al de buurt van de immiganten en de vluchtelingen, allereerst die van het Europese vasteland. De Kelten kwamen als eersten, later de Friesen, de Angelen en de Saksen. De eerste Joden waren met de Romeinen naar Londen gekomen, maar werden in 1290 het land uitgewezen. Pas in 1656 mochten ze weer terug-

komen. Dertig jaar later kwamen de hugenoten. De eerste Afrikanen vestigden zich in de 17e eeuw in deze omgeving en in de 18e eeuw kwamen de Chinezen. De grote hongersnood in Ierland leidde in de jaren 40 van de 19e eeuw tot een nieuwe immigrantenstroom naar Whitechapel. Vanaf 1881 kwamen duizenden Joden uit Polen en Rusland, en in de jaren 50 van de 20e eeuw werden zwarte mensen uit de Cariben getrokken door het vooruitzicht op werk. De meesten verlieten de wijk later weer en vestigden zich in andere delen van de stad. In hun plaats kwamen weer nieuwe immigranten, uit Azië, Pakistan, Bangladesh en India. Zij wonen er nog altijd.

Big fish is watching you! – Straatkunst in Whitechapel

Little Germany

Voor de Eerste Wereldoorlog woonden in de buurt rond **Aldgate** ruim dertigduizend Duitsers. Dat verklaart waarom de oudste Duitse Lutherse kerk van Engeland, de **St George's** 1 (1762), in Alie Street staat en de katholieke **St Bonifacekerk** 2 (1907) in Adler Street. In de laatste wordt nu nog de mis in twee talen opgedragen. Er waren Duitse scholen, Duitse logementen, Duitse winkels. De *Great War* maakte een eind aan deze vreedzame coëxistentie.

Kunst te midden van de ellende

Dat uitgerekend hier, waar de mensen vaak niet genoeg geld verdienden om hun kinderen fatsoenlijk te eten te geven, een centrum voor moderne kunst zou ontstaan, had niemand kunnen denken. En toch was het zo: in 1901 werd besloten dat midden in het duistere East End een kunstgalerie zou worden gebouwd, 'om de bewoners van Oost-Londen met internationale, moderne kunst te laten kennismaken'. De **Whitechapel Gallery** 3 was een experiment, dat getuigde van veel visie. Het programma was baanbrekend, het succes onvoorstelbaar positief. Hier werden voor het eerst in Engeland Pablo Picasso, Frida Kahlo, Jackson Pollock en Mark Rothko aan een breed publiek voorgesteld. Hier toonde men echter ook werk van hedendaagse Engelse kunstenaars, zoals Gilbert & George en Lucian Freud. Inmiddels is de galerie wereldberoemd. En het concept werkt nog altijd. Je zult versteld staan hoeveel mensen uit de buurt tot de bezoekers horen. Ze komen terug nu ze gemerkt hebben hoe kunst hun leven verrijkt.

▶ OPENINGSTIJDEN

Brick Lane is iets voor nachtbrakers. Vrijwel alle restaurants zijn van zondag tot woensdag van 12 tot 1 uur 's nachts geopend, donderdag tot zaterdag zelfs nog een uur langer. Kwaliteit en service veranderen in alle restaurants echter steeds.

In de curry-hoofdstad van Europa

Om de hoek van de Gallery begint een van de populairste eetstraten van Londen – **Brick Lane**, die eerst nog Osborne Street heet. Vroeger ging men hierheen om bij de Joodse bakker verse bagels te kopen, tegenwoordig geniet je hier van de Bengaalse keuken. Of je nu Pakistaans, Indiaas of Bengaals gaat eten – dat maakt niet veel uit. Restaurant **City Spice** ❶ belooft weliswaar *'Bangladeshi home cooking'*, maar er staat niet altijd dezelfde kok achter het fornuis. Een restaurant om met vrienden of collega's te eten, maar ongeschikt voor een romantische avond. Ook **The Shampan** ❷ biedt Bengaalse gerechten, maar je moet ernaar vragen. Elke avond is het stampvol bij **Preem & Prithi** ❸, terwijl de **Brick Lane Brasserie** ❹ vanwege zijn authentieke gerechten als geheime tip geldt. De Bengaalse visgerechten zijn mij nog nooit tegengevallen en de moderne inrichting is plezierig.

INFO EN OPENINGSTIJDEN

Whitechapel Gallery 3: 77-82 Whitechapel High Street, tel. 020 75 22 78 88, www.whitechapelgallery.org, di./wo., vr.-zo. 11-18, do. 11-21 uur, toegang gratis.

Dennis Severs' House 4: 18 Folgate Street, tel. 020 72 47 40 13, www.dennisseversHouse.co.uk, zo. 12-16 uur £ 10, ma. 12-14 uur £ 10, ma., wo., vr. Silent Night 17-21 uur £ 15.

City Spice ❶: 138 Brick Lane, tel. 020 72 47 10 12, http://city-spice.london.

The Shampan ❷: 79 Brick Lane, tel. 020 73 75 04 75, www.shampanbricklane.co.uk.

Preem & Prithi ❸: 124 Brick Lane, tel. 020 73 77 52 52, www.preemprithi.co.uk.

Brick Lane Brasserie ❹: 67 Brick Lane, tel. 020 73 77 03 97, www.bricklanebrasserie.com.

Boiler House Food Hall ❺: 152 Brick Lane, www.boilerhouse-foodhall.co.uk, za. 11-18, zo. 10-17 uur.

In alle restaurants in Brick Lane kosten de hoofdgerechten tussen £ 5 en £ 12.

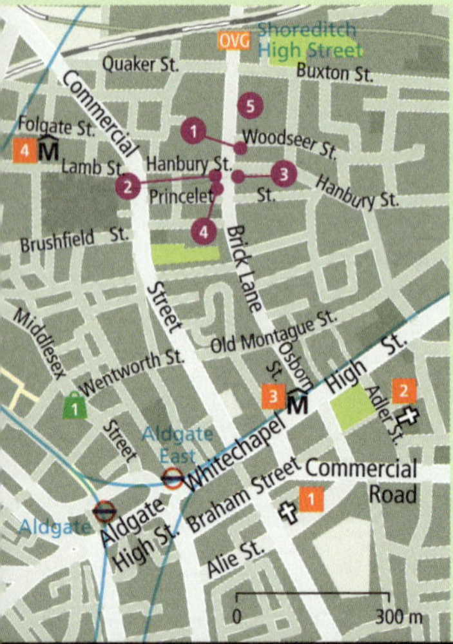

Uitneembare kaart oostelijk van M 1/2 | **Station** Whitechapel, Shoreditch, Aldgate East

Deur naar het verleden

Een rood bakstenen huis met een zwarte, glimmend gepoetste deur met een gaslantaarn erboven – 18 Folgate Street lijkt een heel gewoon huis. Ga naar binnen en ontdek het geheim van het **Dennis Severs' House** 4. Het is stil. Het enige wat te horen is, is het knappen van houtblokken in de open haard. Uit de kelder dringen stemmen door de planken vloer omhoog, uit een kamer boven klinkt gelach van een herengezelschap. Ergens rinkelen glazen. Opeens hoor je een koets langs het huis rijden, gevolgd door een paard en wagen. Schrik niet, het is akoestisch bedrog!

Het huis van de verzonnen hugenotenfamilie Jervis was een idee van de Amerikaan Dennis Severs, die naar Londen kwam en verliefd werd op de tijd waarin de koningen van Hannover op de troon van Engeland zaten. Severs verzamelde alles uit de georgian periode, richtte het gebouw geheel in die stijl in en geeft bezoekers de indruk dat ze een bewoond huis betreden, dat de familie Jervis maar even geleden verlaten heeft.

In Brick Lane vind je ook een van de aantrekkelijkste Londense voedselmarkten. In het Boiler House van de Old Truman Brewery 5 kun je op zaterdag en zondag een culinaire wereldreis maken – van Italië via de Cariben naar Thailand.

OM DE HOEK

Op de **Petticoat Lane Market** (Middlesex Street, zo. 9-14 uur) wordt al meer dan tweehonderd jaar elke zondag handelgedreven. Hugenoten verkochten hier vroeger onderrokken *(petticoats)*, vandaar de naam. Sinds 1846 heet de straat Middlesex Street, want de preutse victorianen vonden het niet gepast dat een straat naar damesondergoed heette. In de volksmond bleef de naam echter bewaard. Het aanbod omvat vooral kleding, huishoudelijke artikelen en algemene spullen. Zo'n duizend marktkooplieden prijzen hun waren luidkeels aan. Het is er altijd ongelooflijk druk en eigenlijk heel sjofel, maar toch is de markt een belevenis. Want hier gebeurt het: *East meets West!* Het is altijd propvol tussen de kramen. Er is meestal wel iets wat de aandacht trekt en wat je misschien wilt kopen: oude grammofoonplaten, zeldzame boeken, verouderde mode, gekke hoedjes, spijkers en schroeven, oude handtassen. Afdingen is toegestaan, maar heeft meestal geen succes. Aan het eind van de dag dalen de prijzen snel.

9

Gruwelen, glans en glitter – **de Tower of London**

Aan één ding heeft Londen geen gebrek: symbolen. De Tower is er een van. Iedereen kent wel foto's van de grote lichte kubus aan de oever van de Theems, vlak bij de City of London. Iedereen kent ook verhalen over wie hier allemaal gevangen zaten.

De **Tower** is gebouwd in opdracht van Willem de Veroveraar, de buitenechtelijke zoon van een Normandische wasvrouw. In Frankrijk was hij daarom ook bekend onder de naam 'Le Bâtard' (de bastaard), maar in Engeland kreeg hij al snel de eretitel 'De Veroveraar'. Als Normandische hertog trok Willem de Veroveraar in oktober 1066 tegen Engeland op en versloeg de Engelsen bij

De Tower heeft allang geen afschrikkende functie meer; in de winter dient de vesting als sprookjesachtig decor voor de Ice Rink.

Hastings. Vervolgens marcheerde hij met tienduizend man naar Londen en liet eerst Southwark op de zuidoever van de Theems afbranden. Het duurde niet lang of de gemeente Londen bood hem de Engelse kroon aan. Op eerste kerstdag liet de Normandiër zich in Westminster Abbey tot koning van Engeland kronen.

De vijand achter slot en grendel

In 1067 werd in opdracht van de nieuwe koning buiten de stadsmuren met de bouw van de Tower begonnen – in de eerste plaats als symbool van de nieuwe macht, maar ook als bescherming tegen de inheemse bevolking die zich nog niet bij de komst van de nieuwe monarch had neergelegd. Tot de regeerperiode van koning Jacobus I, begin 17e eeuw, was de Tower een **koninklijke residentie**. Later werd de vesting beroemd/berucht als **gevangenis** en **executieplaats**. De eerste gevangene was de bisschop van Durham in 1101, de laatste Rudolf Hess, de plaatsvervanger van Hitler, tijdens de Tweede Wereldoorlog. De meeste gevangenen kwamen er niet levend uit; wrede foltermethoden waren gebruikelijk en op de nabijgelegen Tower Hill vonden tot vermaak van het volk executies plaats.

Lopende band naar de kroonjuwelen

Het beste kun je 's ochtends vroeg komen, dan hoef je niet zo lang te wachten om de hoofdattractie van de Tower te zien: de **kroonjuwelen** van *Her Majesty the Queen.* Om de massa enigszins in banen te leiden worden de bezoekers bij het betreden van de **beveiligde ruimte** 1 op een lopende band gezet die ze langs de glinsterende kronen, tiara's en scepters voert. Dat gaat snel, voorkomt gedrang en zorgt ervoor dat niemand kan zien waar de kostbaarheden precies liggen. Zo wordt een spectaculaire juwelenroof voorkomen. Ondenkbaar dat de beroemdste diamant ter wereld, de Koh-i-Noor, gestolen zou worden, ook al doet hij nu geen dienst. De 'Berg van licht' siert de kroon van de vrouw van de koning.

Niets voor lafaards

De Tower heeft natuurlijk meer te bieden dan alleen goud en edelstenen. In de **wapenzaal** en in de **St John's Chapel**, de oudste kerk van Londen,

O OVERIGENS

Hebben de Britten de **Koh-i-Noor** rechtmatig verkregen of met geweld ontvreemd? Daarover zijn de rechtsgeleerden het niet eens. Pas in april 2016 heeft de Indiase procureur-generaal de eis tot **teruggave** afgewezen. Wat zou jij zeggen? De vroegere eigenaar, Duleep Singh, was in 1849 tien jaar oud toen hij niet alleen de 186-karaats briljant, maar ook zijn hele koninkrijk aan de Britten overdroeg.

100 jaar na het uitbreken van de Eerste Wereldoorlog herinnerden kunstenaars Paul Cummins en Tom Piper in de gracht van de Tower met 888.246 papavers van keramiek aan alle gevallen Engelse soldaten.

INFO EN OPENINGSTIJDEN

The Tower of London: EC3N 4AB, tel. 084 44 82 77 77, www.hrp.org.uk/tower-of-london, mrt.-okt. zo, ma. 10-17.30, di.-za. 9-17.30, nov.-feb. zo., ma. 10-16.30, di.-za. 9-16.30 uur, £ 25, met korting £ 19,50, tot 15 jaar £ 12, korting wanneer online wordt geboekt.

ETEN EN DRINKEN

Vlak bij de Tower vind je een van de beste Indiase restaurants van de stad, het **Café Spice Namaste** ❶ (16 Prescot Street, tel. 020 74 88 92 42, www.cafespice.co.uk, ma.-vr. 12-15, 18.15-22.30, za. 18.30-22.30 uur, hoofdgerechten ca. £ 17). De Parsi Cyrus Todiwala bereidt hier maaltijden die heel anders zijn dan het gebruikelijke aanbod in Indiase restaurants. Een groot deel van de recepten stamt uit Goa. Daarbij komen specialiteiten uit de regio waar de chef vandaan komt, rond Bombay. Aan de overkant van de Theems vind je nog een hele reeks uiteenlopende restaurants in de pakhuizenwijk Shad Thames (► blz. 55).

PAS OP SLIPGEVAAR!

Van half november tot begin januari glijden schaatsers over de **Tower of London Ice Rink** ❶ in de gracht (dag. 10-22 uur).

Uitneembare kaart M 3 | **Station** Tower Hill

O *ORAKEL*

Is het einde van de monarchie en de ondergang van Londen nabij? Dat ontdek je in de **Wakefield Tower** 6. Als je zes raven ziet, is alles oké. Maar pas op als de vogels wegvliegen! Opdat dit niet gebeurt, worden ze regelmatig voorzien van stukken vlees. Deze situatie gaat terug tot Charles II. Niemand weet overigens wat de monarch daartoe bewoog. Zouden de raven na de Brexit nog meer worden verwend?

zijn de Normandische invloeden goed zichtbaar. Vanaf halverwege de 13e eeuw werd de **White Tower** 2 al als koninklijk paleis gebruikt, en verrezen de binnenste en de buitenste verdedigingsmuur. Onder Hendrik VIII werd de koninklijke residentie uitgebreid. Rond 1540 ontstonden de vakwerkhuizen de **Queen's Houses** 3.

In de vestingmuur aan de kant van de Theems zit de **Traitors' Gate** 4 (Verraderspoort) waardoor prominente veroordeelden in de ochtendschemering vanaf de rivier in de kerker werden gebracht. Geoffrey Chaucer was onder hen, net als de bisschop van Rochester, bisschop John Fisher en humanist Thomas More, die ook in de Tower werd terechtgesteld. Twee echtgenotes van Hendrik VIII wachtten hetzelfde lot. In de **Bloody Tower** 5 kun je griezelen bij een van de beroemdste onopgeloste moorden in de Engelse geschiedenis. In 1483 werden de twee neven van koning Richard III tijdens hun gevangenschap in de Tower om het leven gebracht, waarschijnlijk door hun oom (of in zijn opdracht). Ze waren tien en dertien jaar oud.

Tussen traditie en moderne tijd – **South Bank**

10

Bij mooi weer is de Tower Bridge een goed vertrekpunt voor een wandeling langs de zuidoever van de Theems. Tussen nieuwe architectuuriconen door kijk je op de meestal traag stromende Theems en ontvouwt zich het panorama van de City en Westminster. Om de Westminster Bridge te bereiken, moet je wel een reeks culinaire en culturele verleidingen weerstaan.

Een wandeling over de beroemde **Tower Bridge** 1 brengt je al in jubelstemming. Misschien heb je geluk en wordt de brug net omhooggehaald om een schip door te laten. Dat gebeurt ongeveer duizend keer per jaar. Aan het zuideind van de brug biedt de pakhuizenwijk **Shad Thames** 2 exclusief woongenot aan de rivier. In de verbouwde pakhuizen hebben zich ook enkele restaurants

Bodemloze spanning en een spectaculair uitzicht van 42 m hoogte op de Theems biedt de glazen bodem van de bovenste voetgangersbrug in de Tower Bridge. Word je al duizelig?

T
THEEMS

Wist je dat het getijdenverschil van de Noordzee 90 km landinwaarts op de Theems nog merkbaar is? Bij de Tower Bridge kan het verschil tussen eb en vloed 8 m zijn. Het duurt ruim vijf uur voor de vloed zijn hoogste punt heeft bereikt. Om weer naar zee af te vloeien is meer dan zeven uur nodig.

Straatmuziek behoort tot het gratis amusementsprogramma op de zuidoever van de Theems.

gevestigd, zoals het **Blueprint Café** 1, dat een schitterend uitzicht op de Tower Bridge biedt. Wie zijn *afternoon tea* buiten wil drinken, gaat naar de naburige **Brown's Brasserie & Bar** 2. Het uitzicht op rivier en brug is sensationeel en dat niet alleen bij mooi weer.

Superlatieven van de bouwkunst

De promenade op de South Bank van de Theems loopt niet altijd vlak langs de rivier, maar je kunt niet verkeerd lopen. De bordjes naar Thames Path, Queen's Walk, Jubilee Walkway of Bankside kun je niet missen. Of de glazen **City Hall** van de **Greater London Authority (GLA)** 3 recht tegenover de Tower, geslaagd is of niet, daar zijn de meningen over verdeeld. Interessanter is het feit dat sinds 2016 Sadiq Khan als eerste moslim burgemeester van Greater London is. Zijn ouders zijn immigranten uit Pakistan. Zijn vader werkte als busconducteur in Londen, zijn moeder als naaister. De islam hoort dus werkelijk bij Londen.

Sinds 2012 wordt de zuidoever van de Theems gedomineerd door **The Shard** 4. Verdiepingen 68, 69 en 72 zijn uitzichtplatforms. Hier heb je het beste uitzicht over de stad. Van de straat tot de top meet het gebouw 310 m. Londens hoogste punt, Hampstead Heath, is maar half zo hoog en Highgate Hill bereikt slechts 100 m – een panorama zonder grenzen dus! Het weer moet wel meewerken. Daar is rekening mee gehouden. Mocht je het reuzenrad London Eye, de St Paul's Cathedral, The Gherkin, Tower Bridge of One Canada Square op het Isle of Dogs niet kunnen zien, dan krijg je een waardebon voor nog een bezoek binnen drie maanden. Extra reiskosten worden niet vergoed. Dat Londen duur is, bewijzen de bijzonder gepeperde toegangsprijzen van The Shard.

Iconen van de zeevaart

De Engelsen denken graag terug aan hun heldhaftige strijd tegen nazi-Duitsland. Ten westen van de Tower Bridge ligt in de Theems de in 1939 gebouwde kruiser **HMS Belfast** 5, die in de Tweede Wereldoorlog betrokken is geweest bij het tot zinken brengen van de Duitse torpedobootjager Scharnhorst. Er is een museum, het **Imperial War Museum**, over zeeslagen in het schip gevestigd.

The Shard steekt als een reusachtige glassplinter hoog boven de omringende gebouwen uit.

Bij het St Mary Overie Dock ten westen van de **London Bridge** aan Clink Street kun je een kopie in de oorspronkelijke afmetingen van de **Golden Hinde** 6 bewonderen, waarmee sir Francis Drake in 1577 vanuit Plymouth de wereld rond heeft gezeild. Drake's schip was het enige van de vloot dat na drie jaar weer de thuishaven bereikte. Onderweg overviel hij verschillende Spaanse schepen, verzamelde een enorme buit en maakte zichzelf en zijn bemanning daarmee steenrijk. De Golden Hinde heeft sinds 1973 140.000 zeemijlen afgelegd op de wereldzeeën. Je zult versteld staan hoe klein dit schip is en hoe opeengeperst de bemanning moest leven. In de Clink Street stond vroeger een van de beroemdste gevangenissen van Londen. *Clink* betekent zoiets als 'bajes'.

Geslaagd en minder geslaagd

Aan de zuidoever van de Theems gaan traditie en moderne tijd – zoals zo vaak in Londen – hand in hand. Enkele van de nieuwe gebouwen vormen voor estheten een steen des aanstoots, al zijn ze niet uit steen opgetrokken.

Heel populair bij inwoners en toeristen is **Shakespeare's Globe** 1, een getrouwe kopie van het vroegere Globe Theatre uit 1599, dat in 1613 is afgebrand. Hier worden tussen april en oktober veel toneelstukken van Shakespeare in de openlucht opgevoerd. Wie een voorstelling wil bijwonen, moet van tevoren goed naar het weerbericht luisteren: paraplu's zijn namelijk niet toegestaan! In de wintermaanden worden de voorstellingen gegeven in het aangrenzende Sam Wanamaker Playhouse.

Achter de Globe vormt sinds de millenniumwisseling de **Millennium Bridge** 7 een verbinding

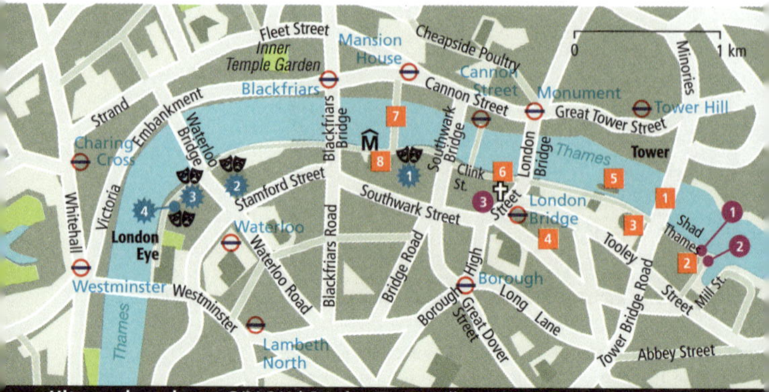

Uitneembare kaart G/M 3/4 | **Station** Tower Hill

INFO EN OPENINGSTIJDEN

Tower Bridge 1: www.towerbridge.org.uk; expositie en Glass Floor, apr.-sept. 10-17.30, okt.-mrt. 9.30-17 uur, £ 7,65, met korting £ 5,65, 5-15 jaar £ 3,40; kijk voor openingstijden van de brug op internet.

The Shard 4: 32 London Bridge Street, www.the-shard.com, apr.-half okt. dag. 10-22, half okt.-mrt. zo.-wo. 10-19, do.-za. 10-22 uur, laatste toegang 1 uur voor sluitingstijd, volwassenen £ 30,95, 4-15 jaar £ 24,95, online volwassenen £ 25,95, 4-15 jaar £ 19,95. Pas op! De openingstijden kunnen bij evenementen veranderen. Tegoedbonnen wegens slecht zicht moeten aan de kassa op Level 1 worden aangevraagd.

HMS Belfast 5: The Queen's Walk, www.iwm.org.uk/visits/hms-belfast, mrt.-21 okt. 10-18, nov.-feb. 10-17 uur, £ 14,50, tot 16 jaar gratis, vaste toegangstijden, maar je mag blijven zo lang je wilt.

Golden Hinde 6: Clink Street, Units 1 & 2 Pickfords Wharf, www.goldenhinde.com, dag. 10-17.30, in de zomer 9-19.30 uur, £ 7, met korting £ 5.

Tate Modern 8: zo.-do. 10-18, vr., za. 10-22 uur, toegang gratis.

Shakespeare's Globe 1: New Globe Walk, www.shakespearesglobe.com.

National Theatre 2: Upper Ground, South Bank, www.nationaltheatre.org.uk.

Southbank Centre 3 **en Royal Festival Hall** 4: Belvedere Road, www.southbankcentre.co.uk; **Queen Elizabeth Hall Roof Garden**, apr.-sept. dag. 10-22 uur, toegang gratis.

Blueprint Café 1: 28 Shad Thames, tel. 020 77 68 62 03, www.blueprintcafe.co.uk, ma.-za. 12-14.45, 18-22.30, zo. 12-15.45 uur, hoofdgerechten ca. £ 16.

Brown's Brasserie & Bar 2: 26 Shad Thames, tel. 020 73 78 17 00, www.browns-restaurants.co.uk, ma.-wo. 10-23, do. 10-23.30, vr., za. 10-24, zo. 9-2.30 uur, hoofdgerechten ca. £ 12.

ETEN EN DRINKEN

Al op de Promenade langs de Theems vind je allerlei eettentjes. Daarnaast lokt ten westen van de London Bridge en in de schaduw van de gotische **Southwark Cathedral** een van de oudste en populairste levensmiddelenmarkten van de stad. Als je van lekker eten houdt en graag iets nieuws wilt proberen, moet je minstens eenmaal op de **Borough Market** 3 (www.boroughmarket.org.uk, do. 11-17, vr. 12-18, za. 8-17 uur) zijn geweest! De sfeer, de culinaire hoogstandjes, de verleidelijke kramen en de interessante eettentjes zijn een bezoek waard. Bij dit aanbod hoef je in ieder geval niet meer op zoek naar een restaurant!

met de overkant van de rivier; hij voert recht op de koepel van de St Paul's Cathedral af. De ultramoderne, stilistisch zeer gedurfde voetgangersbrug bleek meteen bij de opening door de Queen al een statisch fiasco. Hij begon bij elke stap te schommelen. Vervolgens werd de brug maandenlang gestabiliseerd. Inmiddels wiebelt de *'wobbly bridge'* allang niet meer en is hij een populaire voetgangersverbinding naar de City of London.

Aan het zuideind van de Millennium Bridge toont het **Tate Modern** 8 (▶ blz. 66) in een reusachtige oude kolencentrale het beste wat de kunst van 1900 tot nu te bieden heeft. Zelfs voor wie niet in moderne kunst is geinteresseerd is een blik in de voormalige turbinezaal indrukwekkend. Minder enthousiasme maakt de betonnen kolos van het **National Theatre** 2 (ook Royal National Theatre) los. Wat zou het? Het Engelse Nationale Theater biedt op drie podia het beste van het theater en is de werkomgeving van internationale acteurs en de beste regisseurs.

De lelijkheid van het gebouw wordt aan de andere kant van de **Waterloo Bridge** nog overtroffen door het zogenaamde **Southbank Centre** 3. Dit culturele centrum, met de concertzalen **Queen Elizabeth Hall** en **Purcell Room** en de **Hayward Gallery**, werd in 1955 ontworpen, maar pas twaalf jaar later gerealiseerd, toen deze *brutalist architecture* allang achterhaald was. Een totale renovatie moet het gebouw iets minder lelijk maken. De door veel critici voorgestelde oplossing, namelijk opblazen, werd (nog) niet in overweging genomen. In plaats daarvan zal in 2017 de feestelijke heropening plaatsvinden. Hoe je het beton met verhoudingsgewijs eenvoudige middelen kunt aanpakken laat de **Queen Elizabeth Hall Roof Garden** zien. Te midden van velden met wilde bloemen, groenteperken en struiken kun je hier van het uitzicht en je meegebrachte picknick genieten. Er is ook een café.

Tot het Southbank Centre behoort ook de in 1951 gebouwde **Royal Festival Hall** 4, thuishaven van het London Philharmonic Orchestra.

Acrobatische afkoeling aan de oever van de Theems: een radslag door de fontein.

11

Uitzicht rondom – het London Eye

Het enorme reuzenrad aan de oever van de Theems draait onophoudelijk zijn rondjes. Eigenlijk zou het rad maar vijf jaar blijven staan, maar het viel zo bij het publiek in de smaak dat het bleef. Een ritje – de exploitanten van het reuzenrad hebben het zelfs over een vlucht, en dat is niet eens zo gek bij een hoogte van 135 m – is een hele belevenis. Of je nu rijdt of vliegt, het uitzicht is in één woord grandioos.

In maart 2000 draaide het **London Eye** 1 voor het eerst zijn rondjes voor betalende gasten. Het was een onderdeel van de millenniumviering – en een demonstratie van het vertrouwen in de New Labourregering van Tony Blair. Tot begin 2004 was het rad met zijn 135 m doorsnee het grootste reuzenrad ter wereld. Inmiddels staat het op de

Over de maan vliegen – met het London Eye lijkt het mogelijk.

vierde plaats, ingehaald door de Chinese 'Ster van Nanchang' met 158 m, de Singapore Flyer met 165 m en de High Roller in Las Vegas met 168 m. Ook andere steden zijn bezig met plannen voor de bouw van een reuzenrad, maar niemand wil verraden of de hoogte ook zijn grenzen heeft.

Alleen vliegen is mooier

Ook bij slecht zicht draait het door. Zelfs als mist en wolken het uitzicht belemmeren, staan er rijen bij het 'Eye'. De grootste aantrekkingskracht is de stilte boven. Het enorme rad draait met een snelheid van 26 cm per seconde rond, dat is 0,9 km per uur en dat betekent dat een compleet rondje 30 tot 40 minuten duurt. In de 32 glazen gondels met airconditioning is plaats voor telkens 25 personen. Ze zitten echter maar zelden helemaal vol. Dat is voor een deel een gevolg van het feit dat het rad nooit stilstaat. De mensen stappen in en uit, terwijl het doordraait. Alleen om mensen in een rolstoel te laten instappen, wordt het rad soms even stilgezet.

Het motto van het reuzenrad is inmiddels ook op het continent bekend: *'On a clear day you can see for miles!'* En inderdaad: vanuit de gondels heb je een prachtig uitzicht rondom, dat je niet snel weer vergeet. De eerste kreten van verrukking klinken al bij het zien van de parlementsgebouwen en de Westminster Abbey die in de directe omgeving staan aan de overkant van de rivier. Je kunt de bochten van de Theems volgen tot aan de Tower of London en helemaal tot de O_2-arena in Greenwich. In het noorden reikt het uitzicht tot Hampstead en Highgate, bij helder weer nog veel verder. Op mooie dagen kun je maar liefst 40 km ver kijken!

Dan kun je bijvoorbeeld zien of de Queen in haar lievelingsslot Windsor aanwezig is. Dat is te zien aan de vlag die al dan niet op de toren wappert. Die verraadt echter niet of ook haar man, prins Philip, en haar beroemde *corgies* aanwezig zijn. *'Be that as it may'*, zouden de Engelsen zeggen. Het is heerlijk om heel langzaam om je verticale as te draaien. Hier is geen stress, hier hoeft helemaal niets. Hoogtevrees moet je alleen niet hebben. En het is ook beter als je voor de rest van de dag niet veel hebt gepland.

Het uitzicht vanuit de gondels van het reuzenrad belooft puur genot – je moet alleen geen last hebben van hoogtevrees.

O OVERIGENS

De conservatieve premier Margaret Thatcher droeg niet zomaar de bijnaam Iron Lady. Wie het tegen haar opnam, kreeg het zwaar te verduren. Ze had zo'n hekel aan Ken Livingstone, de burgemeester van Greater London, dat ze de Greater London Council (GLC) in 1986 gewoonweg afschafte. Het stadhuis, de **London County Hall** 4, dat met zijn met zuilen gesierde rotonde achter de London Eye indruk maakt, werd aan een Japanse investeerder verkwanseld.

London Eye

Hoe minder je aan je hoofd hebt als je in de gondel stapt, hoe meer je ervan geniet.

Nog een tip: je kunt een gondel helemaal voor jou alleen bespreken, bijvoorbeeld voor een verjaardagsfeest, een huwelijk of een bedrijfsuitje – dat kost een lieve duit, maar dan heb je ook wat.

Ontspannen in de schaduw van de reus

Na de rondvlucht in de London Eye zijn de **Jubilee Gardens** 2 de aangewezen plaats om langzaam weer op aarde terug te keren. Op de uitgestrekte gazons kun je echter niet alleen ontspannen, maar ook heerlijk picknicken. Ga van tevoren gewoon naar een Food Hall van **Marks & Spencer** 1 en doe daar boodschappen. De broodjes, salades en desserts van M&S staan uitstekend bekend. Er zijn natuurlijk ook drankjes te koop. Als je een koeltas bij je hebt, houdt niets je meer tegen. Nu alleen nog een mooi plekje vinden om je aanko-

INFO EN OPENINGSTIJDEN

London Eye 1**:** Ten noorden van Westminster Bridge, tel. 087 17 81 30 00, www.londoneye.com, sept.-mrt. dag. 10-20.30, apr.-juni 10-21, juli-aug. 10-21.30 uur, volwassenen £ 21,20, kinderen £ 16,10, families £ 74,60. Reserveren beslist aan te raden.
Marks & Spencer: 16 Waterloo Station 1, SE1 8SW, ma.-za. 7-24, zo. 8-22.30 uur; Southwark Street 2, SE1 0HX, ma.-vr. 7-21, za. 8-20, zo. 11-17 uur.

ETEN EN DRINKEN

In de voormalige **County Hall** (Westminster Bridge Road) heeft de Aziatische keuken opgang gemaakt. Het minimalistische Japanse decor van de **Aji Zen Canteen** 1 (tel. 020 76 20 61 17, ma.-za. 12-22.30, zo. 12-22 uur, hoofdgerechten minder dan £ 10) valt direct op. Het is het decor van een ramen-bar, zoals je die overal in Japan vindt. De gasten zitten aan roodgelakte tafels, zoeken in alle rust een *soba*-noedelgerecht uit, met krachtige bouillon, of een currygerecht met gepaneerde krab en bestellen. En dat allemaal tegen heel redelijke prijzen. Traditioneel gaat het toe bij **Great British Fish and Chips** 2 (tel. 020 79 28 30 19, www.greatbritishfishnchips.co.uk, dag. 10-21 uur, £ 9,50). Vis met frieten was vroeger een typisch Engels armeluisgerecht – ingepakt in krantenpapier. Tegenwoordig moet je fish-and-chipsrestaurants in Londen echt zoeken en natuurlijk zijn de prijzen inmiddels ook aangepast aan de sterk gedaalde visvangstquota.

Uitneembare kaart G 4/5 | **Station** Westminster

Van boven uit het reuzenrad gezien doen de bezoekers van de Jubilee Gardens aan als speelgoedfiguurtjes van een modelspoorbaan.

pen uit te stallen en de picknick kan van start. Engelser kan het bijna niet!
Op het **Thames Path** 3, het wandelpad langs de rivier, vechten straatkunstenaars en boekverkopers, muzikanten en clowns, goochelaars, jongleurs en boeienkoningen om de aandacht van het publiek. Net als op de Ramblas van Barcelona, het plein voor het Centre Pompidou in Parijs of de voetgangerszones in menig grote stad in Nederland is het aanbod veelzijdig en vaak bijzonder onderhoudend.

OM DE HOEK

Wilde je altijd al piranha's zien die aan het eten zijn? In het **Sea Life London Aquarium** in de voormalige County Hall 4 (Westminster Bridge Road, SE1 7PB, www.visitsealife.com/london, ma.-vr. 10-19, za., zo. 9-19 uur, volwassenen £ 19,50, kinderen £ 14,50, jonger dan 3 jaar toegang gratis) doen de beruchte visjes tijdens het voederen hun naam alle eer aan. Het populairst is echter het haaienbassin. Sea Life is ooit door een Engelse krant bestempeld als de beste gezinsattractie in Londen. Het is in ieder geval een van de grootste aquariums in Europa. De zeebewoners zijn geografisch gerangschikt.

► INFO

De rij wachtenden voor de London Eye is lang. Je kunt de rij eenvoudig omzeilen door van tevoren via internet kaartjes te bestellen, want dan mag je gebruikmaken van een speciale **fast track-ingang**. Dat geldt trouwens voor veel bezienswaardigheden in Londen. Onlineboeking kan eventuele wachttijden bij exposities en andere evenementen drastisch reduceren. Geef toe, ook jij vindt het leuk om goedgemutst een rij grimmig voor zich uit kijkende wachtenden voorbij te lopen.

12

Een reis door de kunst **– Tate Britain en Tate Modern**

Denk niet dat er tussen beide Tate Galleries een bittere concurrentie bestaat, want elk voor zich is uniek en biedt kunstliefhebbers onvergetelijke momenten. Waarschijnlijk heb jij ook niet genoeg aan één bezoek. De beide Tates hebben zoveel te bieden dat je steeds weer terugkomt, en met veel plezier.

'Whaam!' – Deze Lichtenstein-retrospectief liet het Tate Modern schudden op zijn grondvesten.

In de Westminsterwijk is bijna elk gebouw doortrokken van politiek, geschiedenis en traditie. Wie hier woont, heeft veel geld of veel invloed – meestal allebei. Het is dan ook niet verbazingwekkend dat hier een wereldberoemde oase van kunst te vinden is. Het gaat hier om het **Tate Britain** 1, dat op het eerste gezicht weinig specta-

culair ligt, namelijk aan de weg Millbank, direct naast de Theems, in het stadsdeel Pimlico.

Van kerker tot kunst

Vroeger stond op deze plaats, aan de rand van Westminster, de beruchte **Millbank Prison**, waar de gevangenen wreed werden behandeld en onder erbarmelijke hygiënische omstandigheden werden vastgehouden. Wie geluk had, werd naar Australië gedeporteerd; wie in Millbank moest blijven, had geen enkele kans meer. In 1890 werd de gevangenis gesloopt.

Zeven jaar later opende een ander gebouw hier zijn deuren, de **National Gallery of British Art**. Al heel snel heette het museum **Tate Gallery** – en sinds 2000 **Tate Britain**. Het was namelijk een schenking van sir Henry Tate, die het suikerklontje in Engeland introduceerde en een van de grootste Britse suikerraffinaderijen bezat. Kijk maar eens goed in de schappen van de Britse supermarkten. Er staan nog steeds suikerproducten van Tate & Lyle.

Een blikvanger in het Tate Britain – het spiraalvormige trappenhuis.

British art at its best

Tate Britain is een prachtig museum met een van de belangrijkste kunstcollecties ter wereld. Het museum herbergt Britse kunst vanaf 1500, maar is vooral bekend om de 20e-eeuwse werken van beeldhouwers Henry Moore en Barbara Hepworth en schilders Stanley Spencer en Francis Bacon. Ook hedendaagse Britse kunst ontbreekt niet, onder andere van Lucian Freud, Gilbert & George en David Hockney. Wie zich tot dusver niet veel met Britse kunst heeft beziggehouden, zal positief worden verrast. De kunstscene op het eiland heeft grote dingen voortgebracht – en doet dat nog altijd. Een bezoek aan de kleine kunstgalerieën in Londens East End zal je overtuigen.

Niet weg te denken uit het Tate Britain zijn de schilderijen van William Turner (1775-1851), waaraan de bijbehorende **Clore Gallery** is gewijd. Het gebouw is ontworpen door toparchitect James Stirling. Turnerliefhebbers moeten veel tijd uittrekken voor de ongeveer driehonderd olieverfschilderijen en de negentienduizend aquarellen en tekeningen. Het is niemand ooit weer gelukt om stemmingen in de natuur zo te vangen als Turner. Zijn schilderijen van zonsondergangen, wolken, water en golven zijn onnavolgbaar. Menig bezoeker van het Tate springen bij het zien van de originele schilderijen de tranen in de ogen. Dan is het goed dat het niet zo druk is en je zoveel tijd kunt nemen als je wilt om ervan te genieten.

Kunst in de centrale

De enorme collectie van het Tate omvat ook belangrijke werken van moderne kunst uit de hele wereld – dit deel van de verzameling heeft onderdak gevonden in het **Tate Modern** 2 aan de overkant van de Theems, in de buurt van de Millennium Bridge. Je kunt er zeker van zijn dat deze dependance net zo uniek is als het originele

INFO EN OPENINGSTIJDEN

Internet: www.tate.org.uk.
Tate Britain 1: Millbank, tel. 020 78 87 88 88, dag. 10-18, Late at Tate vr. 18-22 uur, toegang gratis.
Tate Modern 2: 53 Bankside, tel. 020 78 87 88 88, zo.-do. 10-18, vr., za. 10-22 uur, toegang gratis.
Tate Boat: www.tate.org.uk/tatetotate, elke 40 min. gedurende de openingstijden, volwassenen £ 6,50, met Travelcard £ 4,30, kinderen £ 3,25/2,15. De boot vaart tussen de Millbank Millenium Pier voor het Tate Britain en de Bankside Pier bij de Millennium Bridge.

ETEN EN DRINKEN

In beide musea is een goed restaurant. In het **Rex Whistler Restaurant** 1 (zo.-vr. 12-15, za. 11.30-15, tweegangenmenu £ 30,95) in het Tate Britain worden gasten door chef-kok Colin Barnett verwend met Britse gerechten in een echt Engelse ambiance. In het **Tate-Modern-Restaurant** 2 (zo.-do. 10-17.30, vr., za. 10-21 uur, ca. £ 20-30) kun je naast kleine hapjes ook goede menu's en uitstekende wijnen bestellen – en bovendien heb je op de zesde verdieping prachtig uitzicht op St Paul's Cathedral.
De **museumshops** mag je in geen geval links laten liggen. Wat daar aan catalogi, kunstboeken, posters en zelfs speelgoed wordt aangeboden, laat het hart van elke shopaholic sneller kloppen.

Uitneembare kaart F/J 3/7 | **Station** Pimlico (Tate Britain), London Bridge (Tate Modern)

Tate Britain. Niet iedereen heeft zin in kunststress. Als je echter twee wereldberoemde musea op één dag wilt bezoeken, dan is het het best om gebruik te maken van de River-Bus-Service. De boot vormt de gemakkelijkste verbinding met de nieuwe kunstoever.
Het in 2000 als dependance van het Tate Britain geopende Tate Modern is een van de gewaagdste architectuurprojecten in Londen. De oude elektriciteitscentrale is in de naoorlogse jaren gebouwd volgens plannen van sir Giles Gilbert Scott. De schoorsteen mocht destijds niet hoger worden dan St Paul's Cathedral op de andere oever. Dat had esthetische voordelen, maar ook ecologische nadelen. In 1980 werd het reusachtige complex daarom gesloten.

Nu is er een van de spectaculairste musea van de wereld gevestigd. De enorme dimensies van het Tate Modern vormen een adembenemende omlijsting voor het neusje van de zalm van de hedendaagse kunst uit de hele wereld. Het museum is een absolute must en heeft zich tot een toeristische attractie van formaat ontwikkeld. Alleen voor bijzondere tentoonstellingen wordt entreegeld gevraagd.

Als inleiding op de bezichtiging van de moderne kunst van 1900 tot heden is er direct bij de ingang iets interessants te zien. In de reusachtige voormalige **turbinezaal** wordt telkens voor bepaalde tijd een monumentaal kunstwerk van internationale kunstenaars als Louise Bourgeois, Anish Kapoor, Carsten Höller of Ai Weiwei tentoongesteld. In de entourage van de fabriekshal is zo'n werk extra indrukwekkend!

OM DE HOEK

Als je na de vele indrukken die je in het Tate Britain hebt opgedaan nog tijd en zin over hebt, dan moet je **Pimlico** 3 bezoeken, een van de mooiste stadsdelen die er zijn. Prachtige, elegante straten, mooie winkels en talloze restaurants. De wandeling van de Vauxhall Bridge naar Eaton Square of Sloane Square is echt de moeite waard.

De schoorsteen verraadt dat het gebouw van het Tate Modern eerder een meer prozaïsch doel had.

A ARCHITECTUUR

De architecten Herzog & de Meuron, die het Tate Modern hebben ontworpen, hebben zichzelf overtroffen bij de laatste uitbreiding van het museum. Met de opening van het Switch House in juni 2016 vergrootten ze de tentoonstellings- en bezoekersruimten met nog eens 60 %. De imposante toren van baksteen is een kunstwerk op zich! Wat een contrast met de peperdure woningen ernaast, die aan aquariums doen denken. Dit zijn geen kunstwerken, maar een en al droefenis!

13

Speelplaats van mooie en rijke mensen – **King's Road**

Chelsea is een van de vele dorpen die vroeger buiten Londen lagen, maar nu een vast bestanddeel van de cultuur van de binnenstad uitmaken. Desondanks heeft Chelsea zijn dorpse karakter weten te bewaren. In de straatjes met pastelkleurige huisjes en moestuinen in de onmiddellijke nabijheid van King's Road heerst nog een slaperige atmosfeer.

Het voelt hier als op het platteland, zoals in Kent of Oxfordshire, zo mooi, rustig en idyllisch gaat het toe in de kleine, door voortuinen omzoomde zijstraten. **Chelsea** is echter vooral een zeer chique wijk, wat is af te lezen aan het aanbod in de etalages van de makelaars op King's Road.

King's Road – de catwalk van de sloanies.

Een woning of appartement in Chelsea is voor een normaal mens onbetaalbaar, hier wonen de *rich and famous*. Dat is ook af te lezen aan het aanbod in de *charity shops* van Oxfam and Co. Met een beetje geluk vind je er designmode voor een prikkie. Ook voor **King's Road** 1 geldt: hoe chiquer de buurt, hoe beter de tweedehandswinkels.

Ontmoetingsplaats King's Road

De onstuitbare opkomst van het voormalige vissersdorpje Chelsea begon waarschijnlijk al in 1520, toen de politicus en humanist Thomas More zich er vestigde. Met hem kwamen de eerste rijke mensen van adel. Vanaf de 19e eeuw begonnen kunstenaars de bijzondere charme van de plaats te ontdekken. De dichter Percy Bysshe Shelley en de schilder William Turner waren de eersten.

Chelsea en dus ook King's Road werden echter pas over de hele wereld bekend in de jaren 60 van de 20e eeuw, de tijd van *Swinging London*. Mary Quant had hier haar winkeltje, waar meisjes en jonge vrouwen de kortste rokjes konden kopen die je (destijds) kon vinden. Mick Jagger woonde hier, net als topfotograaf David Bailey. De mods op hun scooters werden afgelost door hippies en bloemenkinderen – en zij weer door de punks.

Halverwege de jaren 70 van de 20e eeuw maakte een nieuwe groep zijn opwachting, de *sloanies* of *Sloane rangers*. Eerst waren het chique vrouwen uit de bovenste bevolkingslaag – in de stijl van Lady Diana, de latere Princess of Wales. Inmiddels worden ook jonge, dynamische mannen uit de buurt *sloanies* genoemd.

Jonge Britse talenten

Deze mensen werden genoemd naar **Sloane Square** 2, dat een goed uitgangspunt vormt voor een wandeling over King's Road. Meteen al bij het metrostation vind je een van de belangrijkste podia van Londen, het **Royal Court Theatre** 1. Hier worden serieuze, vaak experimentele en niet zelden baanbrekende stukken opgevoerd. In 1958 werd dit de thuisbasis van de English Stage Company, die een groot aantal jonge toneelschrijvers, acteurs en regisseurs ontdekte en stimuleerde. Door deze *angry young men* werd het toneel-Engels van zijn

H
HUISJES-MELKER

Huisjesmelkers zijn er natuurlijk ook in Londen en zij drijven de prijzen voor de lokale bevolking op naar onbetaalbare hoogten. Vaak laten investeerders felbegeerd onroerend goed eenvoudig leeg staan. In Londense stadsdelen als Chelsea kun je dit fenomeen overal waarnemen. Het brengt inmiddels ook politici tot wanhoop, omdat ze er feitelijk niets tegen kunnen doen.

Op King's Road vind je naast deftige restaurants ook nog traditionele Engelse pubs.

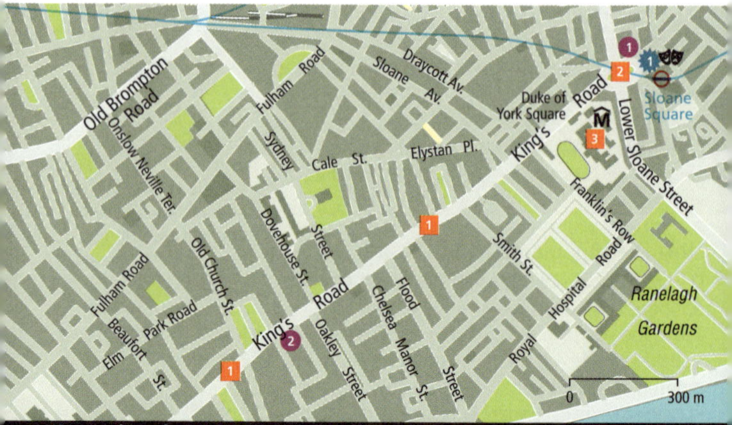

Uitneembare kaart A/B 7/8 | **Station** Sloane Square

INFO EN OPENINGSTIJDEN

Royal Court Theatre 1: Sloane Square, tel. 020 75 65 50 00, www.royalcourttheatre.com, kassa ma.-za. 10-18 uur.
Saatchi Gallery 3: Duke of York's HQ, King's Road, SW3 4RY, tel. 020 78 11 30 85, www.saatchi-gallery.co.uk, dag. 10-18 uur, bijzondere tentoonstellingen £ 20.

ETEN EN DRINKEN

Van de vele restaurants noemen we er twee: schuin tegenover het Royal Court Theatre staat de gastropub **The Botanist** 1 (7 Sloane Square, tel. 020 77 30 00 77, http://sloanesquare.thebotanistlondon.com, ontbijt ma.-vr. 8-11.30, za., zo. 9-11.30, lunch ma.-vr. 12-15.30, za., zo. 12-16, tea dag. 15.30-18, diner 18-22.30 uur, hoofdgerechten ca. £ 20). Het restaurant is genoemd naar botanicus, arts en kunstverzamelaar sir Hans Sloane, wiens enorme verzameling de basis vormde voor het British Museum. Het is vooral geliefd om zijn desserts. Reserveren is aan te bevelen!
My Old Dutch 2 (221 King's Road, tel. 020 73 76 56 50, www.myolddutch.com, ma.-za. 10-22.30, zo. 10-22 uur, vanaf £ 6,95) is onweerstaanbaar voor kinderen – en volwassenen. Hier eet je de beste pannenkoeken van de stad, met verrukkelijk beleg – zowel zoet als hartig.

sokkel gestoten. John Osborne, John Arden en Harold Pinter vonden andere manieren om het publiek aan te spreken.
Een paar meter King's Road in, niet echt verstopt achter een reeks cafés, bars, restaurants en winkels presenteert zich moedig en provocerend de **Saatchi Gallery** 3, in een voormalige kazerne. Charles Saatchi bewijst hier nog maar eens dat hij een van de moedigste kunstmecenassen van het land is. Hij noemt zichzelf een *artoholic* en heeft meer voor *young British artists* als Damien Hirst of Tracey Emin gedaan dan wie dan ook in Engeland.

Geluid, kleur, blijdschap – **Camden Market**

\# 14

Angst voor grote mensenmassa's en gedrang kun je beter niet hebben als je naar de grootste kleding- en stoffenmarkt ter wereld gaat. Want duizenden gelijkgezinden hebben sinds het openingsjaar, 1972, elke dag hetzelfde idee als jij. Camden Market is een event, een happening, een megaparty – voor publiek en kooplieden.

Op **Camden Market** is het altijd druk, of je nu 's ochtends, 's middags of 's avonds gaat. De markt is het summum voor winkelfanaten uit alle leeftijdsgroepen en heeft een magische aantrekkingskracht op bezoekers van Londen. Het is veel meer dan een gewone weekmarkt. De keus is onmetelijk groot. Hypermodern of degelijk, nieuw of gebruikt, goedkope souvenirs, designmode, antieke meubels, zeldzame lp's of boeken.

Als shoppen een event wordt, ben je op Camden Market.

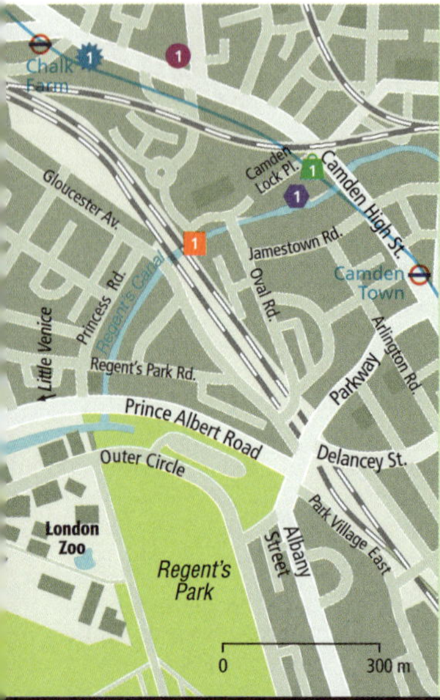

INFO EN OPENINGSTIJDEN

Camden Market 1: Camden High Street, www.camdenmarket.com, dag. 11-18 uur.
Roundhouse 1: Chalk Farm Road, www.roundhouse.org.uk, bars en restaurants dag. vanaf 10.30 uur, concerten en andere evenementen 19-23 uur.

ETEN EN DRINKEN

Cottons 1 (55 Chalk Farm Road, T 020 74 85 83 88, http://cottons-restaurant.co.uk/camden/, ma.-do. 17-24, vr. 17-2, za. 12-2, zo. 12-24 uur, hoofdgerechten ca. £ 15) serveert heerlijke Caribische gerechten. Je kunt kiezen uit zes vlees-, zes vis- en drie vegetarische gerechten, en uit meer dan driehonderd soorten rum. Tot de Caribische sfeer van dit restaurantje draagt 's avonds de onvermijdelijke Steel Drum Band bij.

Uitneembare kaart ten noorden van C/D 1 | **Station** Camden Town, Chalk Farm

De variatie doet het 'm

De markt barst inmiddels uit zijn voegen. Al bij Station Camden Town vind je de winkels. Ontelbare kramen staan buiten, direct langs het **Regent's Canal** 1, of binnen in de markthallen en onder de winkelgalerijen. Het gewoel is niet te overzien: overal drommen bezoekers, ook als het aanbod soms smakeloos en vaak veel te duur is. Kooplieden en publiek vormen een bont geheel. De alternatieve hippiescene is net zo goed vertegenwoordigd als in zwart geklede punks, emo's en goths. En daartussendoor lopen rockers, yuppies, sloanies – in Camden verdraagt iedereen elkaar. Koopjesjagers doen er goed aan om voor ze hun slag slaan eerst van kraam naar kraam te lopen om te vergelijken of je nu een 'I Love London'-T-shirt mee naar huis wilt nemen of een voorliefde hebt voor mooie leren tassen. Zorg voor stalen zenuwen, want de shoppingstress is enorm.

Een kleine pauze met een versterking is dan welkom. Bij enkele kramen worden hapjes verkocht: India, China, Thailand, Japan, Mexico, Tunesië, Griekenland, Spanje – haast alle landen zijn met culinaire lekkernijen op deze markt vertegenwoordigd. Niet duur en altijd lekker! Er wordt staand of lopend gegeten, maar je kunt ook op een bankje aan het water gaan zitten en de drukte van een veilige afstand bekijken.

Cultuur in de remise

Aan het noordeinde van de markt staat een groot, rond gebouw, de voormalige locomotiefloods **The Roundhouse** 1. Het is een ontwerp van Robert Stephenson uit 1846. In het midden bevond zich een draaischijf met een doorsnee van 48,64 m voor het onderhoud van de locomotieven. Op een bepaald moment was het gebouw echter technisch achterhaald en werd het eerst gebruikt als opslagplaats van de slijterij W. & A. Gilbert.

De doornroosjesslaap van het Roundhouse duurde tientallen jaren. In de jaren 60 van de vorige eeuw werd het echter gepacht door de Engelse toneelschrijver Arnold Wesker voor zijn 'Centre 42', een door de overkoepelende organisatie van de Engelse vakbonden medegefinancierd centrum voor kunst en cultuur. Ook dit project was echter geen lang leven beschoren.

Na de millenniumwisseling kwam het grote geld. Het vervallen object werd gerenoveerd, gemoderniseerd en aangepast. Tegenwoordig is het aanbod veelzijdig en wordt het gebruikt voor en door vele media: er worden popconcerten gehouden, lezingen gegeven, er zijn gastvoorstellingen, maar er is ook ruimte voor theater, circus en film. Het Roundhouse heeft zijn eigen radiozender en eigen opnamestudio's waarin jonge mensen naar hartenlust experimenteren.

OM DE HOEK

Op het **Regent's Canal** 1 varen pittoreske *narrow boats*. Vroeger waren dit vrachtschepen voor de smalle Engelse kanalen, maar nu worden ze gebruikt voor rondvaarten en ontspanning. Ertussendoor vervoert de **London Waterbus** 1 passagiers van het Camden Lock naar de London Zoo en verder naar Little Venice (www.londonwaterbus.com, apr.-sept. dag. 10-17 uur, steeds op het hele uur, mrt., okt. beperkte dienstregeling, £ 8,50, met korting £ 7).

O OVERIGENS

Vergeleken met andere Londense straatmarkten is die in Camden nog jong. Hij is pas in 1972 opgericht, direct naast de sluis in het Regent's Canal. Enkele pakhuizen en opslagruimten aan Camden Lock waren destijds net vrijgekomen, en iemand kwam op het idee het eens met een markt te proberen. De kleine binnenplaatsen met hun kinderhoofdjes gaven het project van het begin af aan al de sfeer van het alternatieve leven mee. En dat het hier vaak naar meer dan alleen sigarettenpeuken rook, was voor de bohemiens van Noord-Londen extra aantrekkelijk.

Een straatkunstenares herinnert als levend standbeeld aan Amy Winehouse.

15

Over de Theems – **van Westminster naar Greenwich**

Een boottochtje is niets voor jou? Dat is jammer. Er is namelijk geen mooiere manier om de stad te verkennen dan vanaf een scheepsdek de bezienswaardigheden aan je voorbij te zien trekken. Alles krijgt ineens nieuwe dimensies. En ondertussen krijg je te horen welke betekenis de Theems voor het ontstaan van Londen heeft gehad.

Ter hoogte van Greenwich maakt de Theems twee nauwe bochten. Vanuit de hoogte gaat je blik van de opvallende mega-arena The O_2 op Greenwich Peninsula over de rivier naar de hoogbouw op het Isle of Dogs en nogmaals over de rivier naar de kantoortorens.

Voor de meeste bezoekers begint de boottocht over de Theems aan de **Westminster Pier** 1. Hier bieden verschillende bedrijven boottochten aan. Sommige boten zijn modern en snel, andere wat trager, maar misschien wel gezelliger. De tocht duurt met de langzamere boten ongeveer een uur.

Twee oevers, twee werelden

De Theems verdeelt Londen heel duidelijk in noord en zuid. Wie aan de noordkant woont, heeft het gevoel dat hij een reis maakt naar het buitenland als hij naar de zuidkant gaat. En omgekeerd zouden verstokte Zuid-Londenaren nooit op de noordoever willen wonen. De verschillen springen bij een blik van de ene naar de andere oever direct in het oog. Links, in **Westminster** 1, roepen eerbiedwaardige gebouwen als de Houses of Parliament, Big Ben en Westminster Abbey op tot bewondering, rechts, aan de **South Bank** 2, zetten het reuzenrad en het beton van het Southbank Centre de toon en stamt alleen de voormalige County Hall uit een vroegere tijd.

De boottoeristen kijken eerst naar de noordoever, op de achterkant van het chique **Savoy Hotel** en passeren **Cleopatra's Needle** 3. In 1819 schonk Mohammed Ali, onderkoning van Egypte en Soedan, de 21 m hoge obelisk aan de Britse natie. Na de **Waterloo Bridge** 4 flankeren representatieve gebouwen als het **Somerset House** en de **Middle** en **Inner Temple** 5, de enclave van Britse juristen, een van de bochten in de Theems. Vroeger was dit terrein het eigendom van de tempeliers. Uit die tijd stamt de ronde **Temple Church**, die door Dan Browns bestseller *De Da Vinci Code* beroemd is geworden.

Na de in 1869 door koningin Victoria ingewijde **Blackfriars Bridge** 6 zie je links de **City of London** 7 met zijn afwisselende skyline. Rechts is op de zuidoever te zien welke betekenis de Theems ooit voor Londen had. Hier waren Industrie en Handel gevestigd. Het imposante bakstenen gebouw van het **Tate Modern** 8 was tot 1980 nog een energiecentrale. Op foto's uit de late jaren 60 van de vorige eeuw is nog een woud van hijskranen te zien tussen de **London Bridge** 9 en de **Tower Bridge** 10. De oude pakhuizen zijn inmiddels verbouwd tot zeer gewilde, dure lofts.

De oude haven van Londen

Na de Tower Bridge worden de oevers alleen door tunnels verbonden. Hier begint het voormalige havengebied, de **Docklands**, dat zich op de noordoever tot voorbij Greenwich uitstrekt. In 1980 was het over en sluiten met de haven. De bekkens waren ongeschikt voor de moderne containersche-

B
BRUG

In 1176 begon men met de bouw van een stenen brug over de Theems, waarop een kapel, winkels en woonhuizen stonden. Het zou zevenhonderd jaar duren, tot 1824, voor er een nieuwe London Bridge werd aangelegd. De huidige is in 1973 ingewijd. Bekender en optisch imposanter is ongetwijfeld de in 1894 geopende Tower Bridge met zijn indrukwekkende torens in neogotische stijl en zijn opklapmechanisme.

pen en werden veranderd in jachthavens, zoals het **Limehouse Basin** 11. Hier mondt het **Grand Union Canal** in de Theems uit, dat verder naar het noordwesten langs Camden Market en Little Venice loopt. Nu is ook het panorama van het financiele centrum van **Canary Wharf** 12 zichtbaar, met de hoogbouw van banken, verzekeringsmaatschappijen en energiebedrijven. Dit schiereiland heet **Isle of Dogs**; het was het centrum van de oude haven en ligt recht tegenover Greenwich.

INFO EN OPENINGSTIJDEN

Riviertochten vanaf Westminster Pier 1: www.citycruises.com, www.thamesriverservices.co.uk.
Royal Museums Greenwich: www.rmg.co.uk, alle musea dag. 10-17, eind juli-aug. tot 18 uur, combiticket £ 18,50, 5-15 jaar £ 8,50.
Cutty Sark 13: King William Walk, £ 13,50, 5-15 jaar £ 7.
National Maritime Museum (NMM) 14: Park Row, toegang gratis
Queen's House: Romney Road (toegangsprijs op internet controleren).
Royal Observatory 15: Blackheath Avenue, £ 9,50, 5-15 jaar £ 5.
Toeristeninformatie in Greenwich: Pepys Houses, 2 Cutty Sark Gardens, SE10 9LW, tel. 087 06 08 20 00, www.visitgreenwich.org.uk, dag. 10-17 uur.

Openbaar vervoer: tussen het centrum en Greenwich rijdt de Docklands Light Railway (DLR).

ETEN EN DRINKEN

Pal aan de rivier in Greenwich ligt de **Trafalgar Tavern** 1 (6 Park Row, tel. 020 88 58 29 09, www.trafalgartavern.co.uk, ma.-do. 12-23, vr., za. 12-24, zo. 12-23.30 uur, hoofdgerechten ca. £ 18), een typisch Engelse pub met grote ramen en een terras aan het water, vanwaar je uitkijkt op Canary Wharf. In de bar heb je de keus uit diverse soorten bier en het karakteristieke pub-eten. In het restaurant staat meestal verse vis op het menu. De vele schilderijen van schepen en zeeslagen geven het geheel een maritiem tintje.

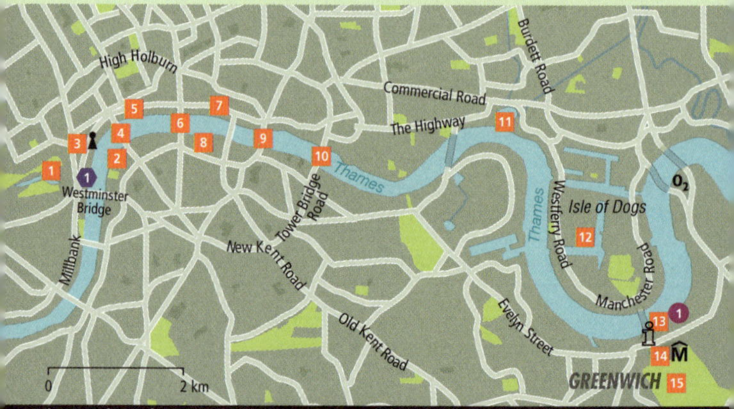

Uitneembare kaart F 5 tot ten oosten van M 4 | **Station** Westminster

Greenwich Park behoort tot de koninklijke parken van Londen. Bij dit koninklijke tintje en het vorstelijke uitzicht hoort een glas champagne.

Engelands maritieme verleden

Greenwich is voor de Britten het symbool van hun maritieme verleden. De theeklipper **Cutty Sark** 13 aan de Theemsoever geeft een indruk van hoe het vroeger was. Hij is van het **Royal Museum Greenwich** en het **National Maritime Museum** 14, dat over de grootste verzameling voorwerpen beschikt die betrekking hebben op de geschiedenis van de 'Britse natie en de zee': naast schilderijen van beroemde schepen en portretten van zeehelden – met name Horatio Nelson – ook wetenschappelijke apparaten en navigatieinstrumenten.

Het maritiem museum bevindt zich in perfecte symmetrie met het schuin ertegenover gelegen **Royal Naval College** en het naburige **Queen's House** (1637). Dit door Inigo Jones in palladiaanse stijl ontworpen stadspaleis werd ooit voor Anna van Denemarken gebouwd. Na haar vroege dood trok Queen Henrietta Maria, de vrouw van Charles I, erin. De vertrekken worden gesierd door een mooie collectie oude meesters. Op de heuvel achter het museum ligt het **Greenwich Park**. Een wandeling voert omhoog naar het oude **Royal Observatory** 15 en de **nulmeridiaan**.

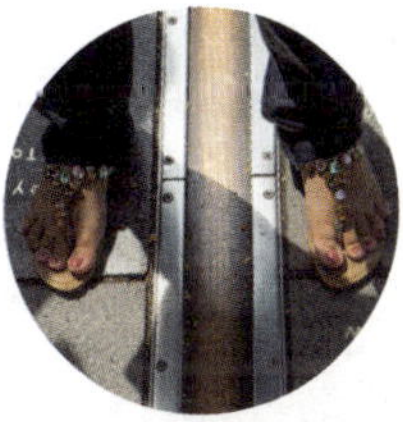

Op de binnenplaats van het Royal Observatory markeren een messing streep en een beeld de nulmeridiaan; hier hebben de Britten de wereld in oost en west verdeeld, hier heerst de Greenwich Mean Time. Je kunt hier met één been in het westelijk halfrond en met het andere in het oostelijke staan.

OM DE HOEK

Breng een bliksembezoek aan de **voetgangerstunnel**, die het Isle of Dogs met Greenwich verbindt. Twee lage ronde gebouwen met glazen koepels markeren aan beide oevers de ingang. Je gaat in een lift naar beneden. Het voelt een beetje raar om onder de Theems door te lopen. Aan de andere kant kun je met de Docklands Light Railway (DLR) terug naar de Tower varen.

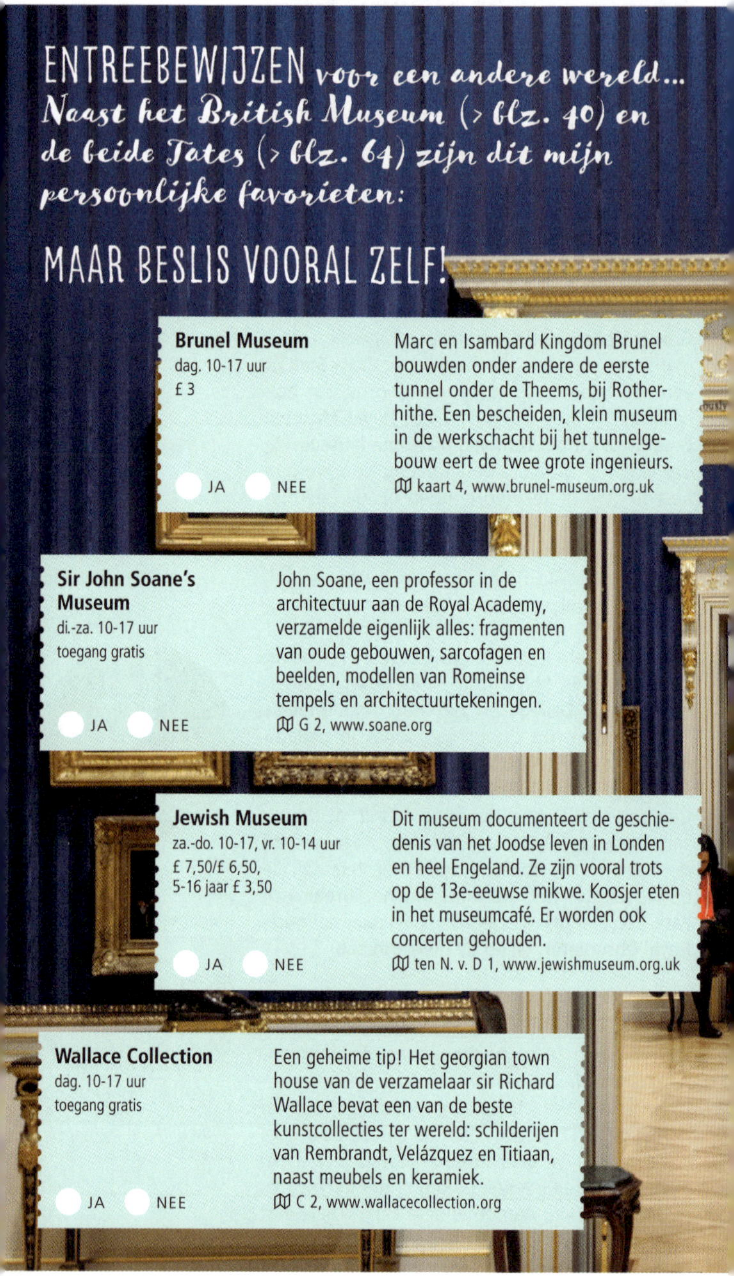

ENTREEBEWIJZEN voor een andere wereld...

Naast het British Museum (> blz. 40) en de beide Tates (> blz. 64) zijn dit mijn persoonlijke favorieten:

MAAR BESLIS VOORAL ZELF!

Brunel Museum
dag. 10-17 uur
£ 3

Marc en Isambard Kingdom Brunel bouwden onder andere de eerste tunnel onder de Theems, bij Rotherhithe. Een bescheiden, klein museum in de werkschacht bij het tunnelgebouw eert de twee grote ingenieurs.

kaart 4, www.brunel-museum.org.uk

JA NEE

Sir John Soane's Museum
di.-za. 10-17 uur
toegang gratis

John Soane, een professor in de architectuur aan de Royal Academy, verzamelde eigenlijk alles: fragmenten van oude gebouwen, sarcofagen en beelden, modellen van Romeinse tempels en architectuurtekeningen.

G 2, www.soane.org

JA NEE

Jewish Museum
za.-do. 10-17, vr. 10-14 uur
£ 7,50/£ 6,50,
5-16 jaar £ 3,50

Dit museum documenteert de geschiedenis van het Joodse leven in Londen en heel Engeland. Ze zijn vooral trots op de 13e-eeuwse mikwe. Koosjer eten in het museumcafé. Er worden ook concerten gehouden.

ten N. v. D 1, www.jewishmuseum.org.uk

JA NEE

Wallace Collection
dag. 10-17 uur
toegang gratis

Een geheime tip! Het georgian town house van de verzamelaar sir Richard Wallace bevat een van de beste kunstcollecties ter wereld: schilderijen van Rembrandt, Velázquez en Titiaan, naast meubels en keramiek.

C 2, www.wallacecollection.org

JA NEE

Museum of London
dag. 10-18 uur
toegang gratis

Naar Londen zonder het stedelijk museum te bezoeken? Onmogelijk! Het is gewijd aan de geschiedenis van Londen, van de steentijd via de Romeinen tot nu op een fascinerende en toegankelijke manier.

○ JA ○ NEE

J/K 1/2, www.museumoflondon.org.uk

Leighton House Museum
wo.-ma. 10-17.30 uur
£ 7/£ 5,
5-17 jaar £ 5

Een van de vele verzamelingen van excentrieke Britten: tegels uit het Nabije Oosten en filigraan houtwerk. Heel indrukwekkend is de Arab Hall met tegels van William de Morgan.

○ JA ○ NEE

kaart 3, ZW van C 4, www.rbkc.gov.uk/leightonhousemuseum

19 Princelet Street
onregelmatig geopend, info op de website
toegang gratis, donatie zeer welkom

Het huis waarin de hugenotenzijde-wever Ogier met zijn gezin woonde, is Londens minst bekende museum. De expositie over immigratie en culturele diversiteit is nog in opbouw.

○ JA ○ NEE

O v. M 1, www.19princeletstreet.org.uk

Händel & Hendrix in London (Handel House Museum)
ma.-za. 11-18, zo. 12-18 uur
£ 10, kinderen £ 5 (online-boeking aanbevolen)

Twee muziekgenieën naast elkaar: op Brook Street nr. 25 woonde en componeerde Händel 36 jaar lang. Op nr. 23 woonde Jimi Hendrix een jaar lang met zijn vriendin Kathy Etchingham – maar dat was tweehonderd jaar later.

○ JA ○ NEE

C/D 2/3, https://handelhendrix.org

London Transport Museum
ma.-do., za./zo. 10-18, vr. 11-18 uur
£ 12,50/£ 11

Niet alleen voor kinderen! Bussen, treinen, affiches en veel objecten herinneren aan tweehonderd jaar openbaar vervoer in Londen – en het straatlawaai rond Covent Garden blijft buiten.

○ JA ○ NEE

kaart 2, F/G 3, www.ltmuseum.co.uk

Museumlandschap van Londen

Meer dan tweehonderd musea gaan bijna letterlijk met elkaar de strijd aan om de aandacht van de bezoekers te winnen. Alfabetisch loopt het aanbod van het Alexander Fleming Laboratory Museum – Fleming ontdekte de penicilline – tot het World Rugby Museum in Twickenham. Er passen 82.000 rugbyfans in het stadion daar. In het alfabetische rijtje musea ontbreken de letters X, Y en Z. Zou er na de Brexit niet een museum over xenofobie moeten komen? En als je bedenkt dat er in Greenwich een Waaiermuseum (Fan Museum) is, dan is het raar dat er geen Yo-Yo-Museum (Jojomuseum) en een Zoo-Museum is. Als nieuwkomer in Londen zal het je verbazen dat de meeste musea en galeries geen toegangsprijs vragen. Met bijna 40 miljoen bezoekers per jaar gaat het om een heleboel geld dat hierdoor eigenlijk verloren gaat. De meeste musea bezitten inmiddels naast een shop ook een café, waarmee ze in de regel meer verdienen dan ze met de kaartverkoop zouden doen. Je hoeft alleen voor speciale exposities te betalen. De zogenaamde *blockbuster events* waren in het Verenigd Koninkrijk weliswaar als publiekstrekkers jaren geleden afgeschaft, maar dat bleek een vergissing. Met name de Royal Academy, het British Museum en de National Gallery trekken met hun speciale tentoonstellingen steeds weer grote bezoekersaantallen.

INFORMATIE

De meeste musea en veel galeries zijn gratis toegankelijk, maar een donatie is altijd welkom, zelfs als er wel voor toegang moet worden betaald. Daartoe staan in de hal plexiglazen trommels, waarin bezoekers kleingeld kunnen gooien. Met de London Pass krijg je korting bij enkele musea die niet gratis zijn en in veel gratis musea een extraatje, zoals een audioguide. In de regel hoef je alleen bij zeer populaire speciale tentoonstellingen op een wachttijd te rekenen. Als je je ticket van tevoren bestelt, kun je een vaste bezoektijd afspreken. Info op de websites van de musea.

In de Earth Hall van het Natural History Museum gaat alles om het ontstaan van onze planeet.

Town houses en paleizen

Londen kent veel paleizen van monarchen en vooral *town houses* van adellijke en rijke bewoners. Enkele daarvan zijn toegankelijk. Je kunt er de pracht en praal bewonderen, waarmee ze hun gasten wilden imponeren. In veel van die huizen dringt zich de gedachte op dat het toch prettiger leven is als je niet wordt geleid door de drang representatief te moeten zijn.

Pracht en praal in overvloed

Apsley House 🕮 C 4

Dit huis had lange tijd het adres Londen nr. 1, want het was het eerste Londense huis dat men vanuit het dorp Kensington tegenkwam. Baron Apsley liet het in 1778 ontwerpen door architect Robert Adam. Vijftig jaar later werd het stadspaleis vergroot en verbouwd voor de held van Waterloo, Wellington, die de slag tegen Napoleon met hulp van veldmaarschalk Blücher gewonnen had. Deze was toen zo populair in Engeland dat hij nauwelijks rustig in Hyde Park kon gaan paardrijden. Pubs werden naar hem genoemd en spoorwegingenieur George Stephenson doopte zijn eerste stoomlocomotief 'The Blucher'. Blücher is in Engeland vergeten, maar de nakomelingen van Wellington wonen nog altijd in Apsley House. Enkele vertrekken zijn voor het publiek toegankelijk.

149 Piccadilly/Hyde Park Corner, W1J 7NT, www.english-heritage.org.uk, metro: Hyde Park Corner, wo.-zo. 11-17 uur, £ 8,80, met korting £ 7,90, 5-15 jaar £ 5,20

Hier woonden geleerden

Dr Johnson's House 🕮 H 2

Het huis van de schrijver en lexicograaf Samuel Johnson dateert uit de 17e eeuw. In de met grijze houten panelen betimmerde vertrekken staan meubels uit Johnsons tijd, aan de muren hangen portretten en tekeningen, waaronder ook een van zijn zwarte bediende Francis Barber. Andere bezienswaardigheden zijn Johnsons theekopje, zijn jichtstoel en twee uitgaven van *A dictionary of the English language*.

17 Gough Square, EC4A 3DE, www.drjohnsonshouse.org, metro: Chancery Lane, mei-sept. ma.-za. 11-17.30, okt.-apr. ma.-za. 11-17 uur, £ 6, met korting £ 5, 5-17 jaar £ 2,50

Prinsessenhuis

Kensington Palace 🕮 kaart 3, D 3

Het aanvankelijk nogal bescheiden stadspaleis Nottingham House kwam in 1689 in bezit van Willem III. De koning

Samuel Johnsons poes Hobbs vraagt zich af wie er allemaal in en uit loopt in haar huis aan Gough Square.

Langs het pad naar stille plekjes in het Kensington Palace zie je illustraties van Lady Di.

liet het bouwwerk van Christopher Wren vergroten en verbouwen tot zijn Londense residentie. George I en zijn architect William Kent zijn verantwoordelijk voor het huidige aanzien van het kasteel. Sinds 1760 wordt het bewoond door leden van de koninklijke familie. Koningin Victoria werd hier in 1819 geboren. Haar geschiedenis is het thema van een van de vier bezichtigingsroutes door het paleis. Een andere is gewijd aan de rituelen van het koninklijk hof. Ook prinses Diana krijgt de aandacht die zij verdient: enkele van haar jurken zijn in de fraaie Queen's State Apartments te bewonderen. Diana woonde tot haar dood in 1997 in Kensington Palace. Ook de tuin en de orangerie zijn een bezoek waard.

Kensington Gardens, W8 4PX, www.hrp.org.uk/kensington-palace, metro: High Street Kensington, Queensway, mrt.-okt. dag. 10-18, nov.-feb. 10-17 uur, £ 18, met korting £ 12,40, tot 16 jaar toegang gratis, officieel adres van de Windsors

St James's Palace 🕮 D/E 4

Hendrik VIII liet het paleis in 1532 in tudorstijl bouwen. In 1698 werd het een koninklijke residentie, nadat Whitehall Palace was afgebrand. Pas toen koningin Victoria de troon had bestegen, verhuisde de koninklijke familie naar het grotere Buckingham Palace. Nu wonen in St James's onder anderen de lijfwachten van de koningin en leden van het hof. Troonopvolger prins Charles betrok het paleis na zijn scheiding van prinses Diana. Nadat zij in 1997 was verongelukt, haalde hij zijn zoons William en Harry bij zich in huis. Het St James's Palace is nog altijd het officiële adres van de Windsors. Ambassadeurs worden 'aan het hof van St James's geaccrediteerd', ook al vindt die accreditering eigenlijk in Buckingham Palace plaats – niet logisch, maar wel heel Engels.

Marlborough Road, SW1A 1BS, metro: Green Park, alleen van buiten te bekijken

Rechtershuis

Kenwood House 🕮 kaart 4

Dit elegante witte paleis aan de noordgrens van Hampstead Heath is een wandeling waard. Het uit de vroege 17e eeuw stammende gebouw werd tussen 1764 en 1779 door de beroemde architect Robert Adam voor William Murray, de 1e Earl of Mansfield, in neoclassicistische stijl verbouwd. Murray was destijds als King's Counsel een van de machtigste rechters van het land. De laatste bewoner van Kenwood House was Edward Cecil Guinness, 1e Earl of Iveagh en hoofd van de Ierse brouwerijdynastie. Hij bepaalde dat het huis en een kleine collectie kunstwerken voor het publiek toegankelijk zouden worden. Oude meesters als Rembrandt en Vermeer, maar ook Engelse schilders zijn hier vertegenwoordigd. Alleen al de goedgeproportioneerde kamers, die de genialiteit van architect Robert Adam laten zien, zijn een genot voor het oog. In een groot veld voor het huis ontspringt de Fleet, de grootste onderaardse rivier van Londen.

Hampstead Lane, NW3 7JR, www.english-heritage.org.uk, metro: Hampstead, Highgate, verder met de bus, dag. 10-17 uur, toegang gratis

Bijna landelijk – Hampstead

Eén ding staat vast: het is lastig om buitenlandse bezoekers de binnenstad uit en de buitenwijken in te lokken. Hampstead ligt eigenlijk helemaal niet meer aan de rand van de stad, nauwelijks verder dan 6,5 km van Charing Cross. En vanaf Hamstead Heath heb je een fantastisch uitzicht op de metropool.

Kunstenaars- en intellectuelenwijk

Hampstead Village kaart 4

Als je Hampstead Station verlaat, ben je in een andere wereld verzeild geraakt. De sfeer is Engelser, maar niet ouderwetser. Eerder jong en levendig. Wil je de huizenhoge huren hier opbrengen, dan moet je wel over flink wat geld beschikken. Het stadsdeel telt meer miljonairs dan welke plaats ook in het koninkrijk. Een wandeling door de smalle straten van Hampstead is een ware ontdekkingsreis in een andere tijd. In Flask Walk word je er bij elke voetstap aan herinnerd dat het niet zo lang geleden was dat Hampstead nog een dorp was. In de 19e eeuw ontwikkelde het zich tot een wijk van kunstenaars en intellectuelen. De dichter John Keats woonde hier korte tijd in Keats Grove en schreef er zijn *Ode to a nightingale*. Ook de schrijvers Edgar Wallace, John le Carré en Katherine Mansfield voelden zich hier thuis, net als acteur Richard Burton, architect Walter Gropius of beeldhouwster Barbara Hepworth. Zelfs muzikanten als Boy George en de *enfants terribles* Sid Vicious en Johnny Rotten trokken naar Hampstead.

Metro: Hampstead

Hoog verheven boven Londen

Hampstead Heath kaart 4

Het was altijd al een populaire bestemming voor een uitstapje en dat zal het eeuwig blijven: een reusachtig gebied van 320 ha aan de rand van de binnenstad tussen Highgate en Hampstead op het hoogste punt van Londen. Groot genoeg om te verdwalen. Groot genoeg om je op het platteland te wanen. In de 19e eeuw gingen bewoners van het Londense East End naar Hampstead om frisse lucht in te ademen en neer te kijken op de metropool die ook toen al immens was. De Heath is trouwens geen heide, maar een oud Londens park dat grotendeels aan de natuur is overgelaten. Het werd in 986 voor het eerst genoemd toen een zekere Ethelred the Unready een ondergeschikte land ter beschikking stelde op de Heath. Tegenwoordig laten Londenaren op de zogenaamde Parliament Hill vliegers op of genieten van het fraaie uitzicht op het Londense panorama, van Canary Wharf in het oosten tot St Paul's Cathedral en de Houses of Parliament.

Metro: Hampstead, Highgate, Archway of Golders Green, verder met de bus

On the top of London – Hampstead Heath

Pauze, even rebooten

Je voeten doen pijn en de vele andere bezoekers aan Londen beginnen je een beetje op je zenuwen te werken. Wat nu? Ga naar een park! Haast overal in Londen vind je groene gebieden, van het reusachtige Hyde Park tot kleine kerkhofjes met twee of drie bankjes. Want ook veel Londenaren willen midden op de dag soms even pauze houden en op adem komen.

Een groen eilandje in de City

Postman's Park J 2

Slechts weinig Londenaren kennen het Postman's Park, de meeste lopen er achteloos aan voorbij, onderweg naar hun werk. De tuin, die in 1880 op de plaats van een voormalig kerkhof ontstond, is genoemd naar de werknemers van het nabijgelegen General Post Office, die hier graag pauze hielden. Curieus is het in 1900 opgerichte Memorial to Heroic Self Sacrifice, dat mensen eert die bij een poging een ander te redden, zelf het leven lieten.

St Martin's le Grand, EC1A, metro: St Paul's, dag. 8-19 uur resp. tot zonsondergang

Onbekend

Phoenix Garden kaart 2, F 2

Een van de vele onbekende tuinen ligt in West End, ingeklemd tussen Charing Cross Road en Shaftesbury Avenue. De Phoenix Garden is een ware oase in dit drukke toeristengebied. De tuin wordt door vrijwilligers onderhouden.

21 Stacey St, WC2H 8DG, www.thephoenixgarden.org, metro: Leicester Square, dag. 8.30 uur tot zonsondergang

In de voetstappen van royalty

St James's Park D/E 4/5

St James's is het oudste van alle koninklijke parken en ook het kleinste. Vroeger lag hier een moeras, maar Hendrik VIII liet het terrein in 1536 droogleggen, omdat hij een gebied wilde aanleggen waar hij kon wandelen. Zijn dochter Elizabeth I ging hier nog op jacht, Jacobus I liet een menagerie en een volière bouwen en Karel II was op zijn beurt verantwoordelijk voor de formele Franse stijl. Het is een vriendelijk park met fraai uitzicht op Buckingham Palace. Wie de Mall oversteekt, loopt zo het aangrenzende Green Park in.

The Mall, SW1A 2BJ, www.royalparks.org.uk, metro: Charing Cross, dag. 5-24 uur

Afwisselend

Regent's Park ten noorden van C 1

Dit mooie, uitgestrekte park biedt enkele attracties: de Queen Mary's Gardens met meer dan 12.000 rozen, een grote kanovijver, een openluchtpodium en het panorama van Londen, gezien vanaf de 63 m hoge Primrose Hill. Ook zijn hier de London Zoo en een aanlegsteiger voor kanaaltochten met de *narrow boats,* naast enkele indrukwekkende villa's en stadspaleizen.

Chester Road, NW1 4NR, www.royalparks.org.uk, metro: Regent's Park Station, dag. mei-aug. 5-21, apr., sept. 5-19, okt.-mrt. 5-17 uur

Een hoogtepunt

Kew Gardens kaart 4

Een van de belangrijkste botanische tuinen ter wereld ligt ten zuidwesten van Londen. Hier groeien 80.000 planten en daar komen nog 35.000 in spiritus geconserveerde planten bij: de verzameling van het herbarium uit 1852 telt 5 miljoen soorten. Hoogtepunten zijn het 120 m lange palmenhuis (1844) en de elegante, 160 m lange koude kas uit 1860 met gietijzeren victoriaanse steunbalken, de Chinese pagode en de 200 m lange Xstrata Treetop Walkway – op

De voorjaarszon laat in het St James's Park de narcissen stralen en lokt de Londenaren naar buiten.

18 m hoogte loop je tussen de kronen van linden, kastanjes en eiken door. De uitgestrekte gazons mogen betreden worden en nodigen uit tot een picknick.
Kew, Richmond TW9 3AB, www.kew.org, metro: Kew Gardens, trein vanaf Waterloo, rondvaartboot van Westminster tot Kew Pier, apr.-aug. ma.-vr. 10-18.30, za., zo. 10-19.30, okt. dag. 9.30-18, nov.-midden feb. dag. 10-16.15, midden feb.-mei dag. 10-17.30 uur (koude kas tot 2018 gesloten), £ 16, met korting £ 14, jonger dan 16 jaar gratis

Ontmoetingsplaats voor iedereen

London Fields 🕮 ten noorden van M 1

Op de London Fields lieten vroeger de veehandelaren hun dieren weiden, onderweg naar de Londense markten. Tegenwoordig houden op zonnige dagen in de zomer de inwoners van het stadsdeel Hackney hier een *get together* – jong en oud, arm en rijk, langdurige bewoner of nieuwkomer, in het park verdwijnen de verschillen. De meeste mensen gaan gewoon op het gras zitten, barbecuen en ontspannen zich. Er zijn ook een openluchtzwembad, een voetbal- en een cricketveld.
Hackney, E8 3EU, British Rail: London Fields

Op het jaagpad

Regent's Canal 🕮 ten noorden van B–G 1

Het jaagpad langs het Regent's Canal behoort tot de best bewaarde geheimen van Londen. Vanuit Little Venice kun je in een klein uurtje langs het kanaal naar Camden Lock lopen. Alleen bij Edgware Road moet je het jaagpad even af om de Maida Hill Tunnel door te gaan. Geloof me, je maakt een heel ander Londen mee.
Metro: Warwick Avenue

Muzikale pauze

Lunchconcerten

Al heel lang vinden Londenaren ontspanning bij een van de vele lunchconcerten in een kerk. In de begin 18e eeuw door de grote barokarchitect James Gibbs gebouwde **St Martin in the Fields** aan Trafalgar Square of in **St James's** aan Piccadilly Circus. Ook een orgelconcert in de oudste kerk van Londen, **All Hallows by the Tower**, is de moeite waard. Deze concerten zijn vaak gratis, maar de organisatoren zijn blij met een kleine donatie. Na het concert kun je vol frisse moed verdergaan met je bezichtigingen.
www.stmartin-in-the-fields.org, http://www.sjp.org.uk/concerts.html, www.allhallowsbythetower.org.uk

Slapend geld uitgeven

Londen is voor buitenlandse toeristen de populairste bestemming in Groot-Brittannië. Hotels van alle categorieën zijn voortdurend volgeboekt, hoewel de prijzen astronomisch hoog zijn. De prijs is echter geen garantie voor kwaliteit. Je kunt ook niet altijd afgaan op het aantal sterren, want ze komen vaak niet overeen met de classificatie op het continent.

Hoe gaat het na de Brexit op de hotelmarkt verder? Het was nog nooit zo moeilijk een voorspelling te doen. Komen er minder toeristen naar Londen? Stijgen de prijzen voor een overnachting nog meer? Of laat een overcapaciteit aan bedden de prijzen misschien dalen?

In de afgelopen jaren ging het allemaal nog goed: zo zorgden in 2012 de Olympische Zomerspelen en in 2016 de Rugby World Cup voor extra bezoekers. De alarmbellen rinkelden echter al. De Griekenlandcrisis en daarmee ook de eurocrisis vertraagden de groei in de toeristensector.

Preciezer uitgedrukt: het aantal bezoekers neemt niet af, maar ze geven de voorkeur aan nieuwe overnachtingsvormen. Ondernemingen als Airbnb zijn opeens een begrip geworden. Bij particulieren thuis betaal je beduidend minder, maar je moet ook bereid zijn om voor de poes van de eigenaar te zorgen. Hotels en B&B's moeten iets nieuws verzinnen, temeer omdat hun winstmarge door nieuwe regels op de arbeidsmarkt steeds kleiner wordt.

In het Pavilion Hotel is elke kamer anders, maar ze zijn allemaal bijzonder.

OM ZELF TE ONTDEKKEN

www.londontown.com: op de website kun je gericht hotels kiezen op basis van locatie of categorie en met de 'London Hotel Map' op de plattegrond zoeken.

www.weknowlondon.com: deze overzichtelijke toeristenportal toont goedkope dagaanbiedingen naast een uitgebreid palet aan hotels. Je wordt ter plaatse door een serviceteam geholpen bij je zoektocht naar een hotel. Balie op Heathrow, op de stations St Pancras International en Victoria Station en in Cockspur Street bij Trafalgar Square.

www.laterooms.com: bij boeken via deze site kun je veel geld uitsparen.

www.hotel.de: een Duitse site, maar ook Nederlandstalig, met een enorm aanbod, inclusief goedkopere hotels aan de rand van de stad.

www.homeaway.co.uk: een alternatief voor Airbnb met aantrekkelijke aanbiedingen.

Ontbijten als de Engelsen

Blandford Hotel B 1

Dit gezellige kleine hotel met 34 kamers ligt verscholen in een verrassend rustige straat midden in het centrum. Hoge victoriaanse woonblokken houden het lawaai van de grote verkeersweg tegen. Alleen al vanwege de uitstekende ligging is het Blandford heel populair, maar het overvloedige Engelse ontbijt speelt daar ook een rol bij. Het management zet op verzoek dagelijks verse bloemen op uw kamer. Chiltern Street ligt vlak bij Baker Street met zijn vele winkels, het wassenbeeldenkabinet van Madame Tussaud en het Sherlock Holmes Museum. Direct om de hoek vind je enkele goede broodjeswinkels en restaurants om je honger te stillen. Het is ook niet ver naar Regent's Park, voor het geval je tot de mensen behoort die 's ochtends graag een rondje rennen.

80 Chiltern Street, W1U 5AF, tel. 020 74 86 31 03, www.capricornhotels.co.uk/hotel_blandford, metro: Baker Street, 2 pk vanaf £ 150 incl. ontbijt

De naam zegt het al

Arosfa E 1

Arosafa is Welsh en betekent rustplaats. Dit tweehonderd jaar oude georgian *town house* is na een inspannende dag sightseeing en shoppen in Londen een heerlijk toevluchtsoord om naar terug te keren. Er is zelfs een kleine tuin! Vroeger woonde hier de beroemde prerafaëlitische schilder John Everett Millais. Het British Museum, de British Library en de universiteitswijk liggen op loopafstand. In deze buurt zit ook een reeks kleine antiquariaten, bijvoorbeeld in Great Russell Street. De kamers zijn voor een deel erg klein, maar wel brandschoon. De Londense maatstaven en de centrale ligging in aanmerking genomen zijn ze heel betaalbaar. Vraag wel om een kamer aan de achterkant, want d Gower Street is erg druk en dat kun je goed horen.

83 Gower Street, WC1E 6HJ, tel. 020 76 36 21 15, www.arosfalondon.com, metro: Goodge Street, Russel Square, 2 pk vanaf £ 140 incl. ontbijt, gratis wifi

Compact, clever design

Hub London Covent Garden

kaart 2, F 3

Het was te verwachten dat het Japanse concept van het Hub-hotel ook in Londen ingang zou vinden. Als je je geld liever aan andere dingen uitgeeft dan aan overnachten, dan ben je in dit hotel aan het goede adres. Sfeer heeft het niet, maar in elk ander opzicht is het prima. Er is smart-tv en supersnelle wifi. Ontbijt in de bijbehorende cafetaria en na 11 uur worden complete maaltijden geserveerd.

110 St Martin's Lane, WC2N 4BA, www.hubhotels.co.uk, metro: Leicester Square, Charing Cross, 2 pk vanaf £ 69, alleen online te boeken

Allesbehalve saai

Pavilion Hotel A 2

Dit is eigenlijk een krankzinnig hotel. Het biedt geen overdreven luxe en zeker niet iedereen zal ervan houden, maar het concept van Danny en Noshi Karne is zo gek, dat ze niet hoeven te klagen over gebrek aan beroemde gasten. Elk van de dertig kamers heeft zijn eigen thema en is als zodanig ingericht: 'Honky Tonk Afro' moet aan de jaren 70 van de vorige eeuw herinneren, 'Enter The Dragon' is een mysterieuze mengeling van oosterse schatten, de 'Flower Power'-kamer is bezaaid met rozen en 'Cosmic Girl' is cool. Dit hotel is zonder meer OTT *(Over The Top)* – en favoriet bij gasten als Naomi Campbell, Bryan Ferry en Daniel Day Lewis. Wordt ook als decor gebruikt door modefotografen.

34-36 Sussex Gardens, W2 1UL, tel. 020 72 62 09 05, www.pavilionhoteluk.com, metro: Edgware Road en Paddington, 1 pk vanaf £ 69, 2 pk vanaf £ 110 incl. ontbijt

Individueel accent

Lime Tree Hotel C 6

Ten noorden van de drukke Buckingham Palace Road begint de chique wijk Belgravia, met veel zeer elegante, typisch Engelse straten. Hier staat sinds 1979 het door een familie geleide Lime Tree Hotel, een volledig gerenoveerd mooi gebouw in Engelse *cottage style*. Het adverteert met zijn individuele karakter en 25 deftig ingerichte kamers, die zich met die van

In het Fielding Hotel zijn de kamers klein, maar nog net betaalbaar.

elk driesterrenhotel kunnen meten. Er is zelfs een idyllische rozentuin. Opdat de idylle niet verstoord wordt, worden kinderen jonger dan vijf jaar niet toegelaten. Of het wonderkind Mozart, dat in 1764 met zijn vader en zusje in de directe omgeving woonde, wel in het hotel had mogen overnachten? We weten het niet. In Londen schreef de kleine 'Wolferl' zijn eerste twee symfonieën.

135-137 Ebury Street, SW1W 9QU, tel. 020 77 30 81 91, http://limetreehotel.co.uk, metro: Victoria, 2 pk vanaf £ 160 incl. ontbijt, gratis wifi

Bij de tijd

Bermondsey Square Hotel L 5

Een nieuw hotel aan de zuidzijde van de Theems, in Bermondsey, een buurt die steeds interessanter begint te worden voor toeristen. De Tower Bridge, het Tate Modern en The Shard, maar ook de Bermondsey Antique Market en de Borough Market liggen allemaal op loopafstand. Bovendien vind je hier interessante restaurants, trendy bars en clubs en galeries en winkels. Het hotel beschikt over negentig modern ingerichte kamers. De restaurant-lounge is ook voor niet-gasten toegankelijk. Er zijn ontbijt en dagschotels en gebak in Engelse stijl verkrijgbaar. Als extra service is er internettoegang. Koffie en thee zijn gratis.

Bermondsey Square, Tower Bridge Road, SE1 3UN, tel. 020 73 78 24 50, www.bermondseysquarehotel.co.uk, metro: London Bridge, 2 pk vanaf £ 105, gratis wifi

Comfortabel, maar niet groot

The Fielding Hotel kaart 2, F 2

Voor deze locatie ongelooflijk goedkoop: het Fielding ligt schuin tegenover de Royal Opera, vlak bij Covent Garden – een van de *places to be* in Londen.Veel kamers zijn aan de kleine kant, maar mooi en comfortabel ingericht. Ze zijn allemaal voorzien van een eigen douche. Als extraatje hebben de gasten vrij toegang tot het Covent Garden Fitness and Well Being Centre. Vraag bij de receptie naar een tegoedbon. In het hotel wordt geen ontbijt geserveerd, maar dat is in deze omgeving geen probleem. Kinderen jonger dan zes jaar zijn niet welkom.

4 Broad Court, Bow Street, WC2B 5QZ, tel. 020 78 36 83 05, www.thefieldinghotel.co.uk, metro: Covent Garden, 2 pk vanaf £ 140

Multifunctioneel

The Culpeper ten oosten van M 2

Wie tien jaar geleden al eens in Londen was, zal verrast zijn hoe East End veranderd is. Het is inmiddels een trendy wijk geworden. The Culpeper is daar het bewijs van. In dit fraai gerestaureerde hoekhuis gaat het er niet alleen om een slaapplaats voor de nacht te vinden. Op de begane grond zit de Ground Floor Pub met rustiek-coole inrichting, een ruime keus aan *craft beers* en een kleine lunch- en dinerkaart. Wie wat deftiger wil dineren, gaat naar de eerste verdieping, naar de Kitchen. Op de tweede verdieping vind je dan een B&B met vijf prachtig ingerichte kamers, allemaal met douche. De wanden zijn voor een deel kaal, maar wat maakt dat uit? Boven op het dak groeien groenten en kruiden in bakken, waartussen terrasstoelen staan en een kas met een bar erin. En wie aan het aanbod van The Culpeper niet genoeg heeft: Brick Lane ligt om de hoek, en de Old Spitalfields Market is net zo dichtbij als het Liverpool Street Station.

40 Commercial Street, E1 6LP, tel. 020 72 47 53 71, www.theculpeper.com, metro: Aldgate East, 2 pk £ 120 incl. ontbijt

In het centrum, maar niet zo duur

Z Hotel Soho kaart 2, E 2

Hotel en concept zijn tamelijk nieuw. Inmiddels zijn er zes Z-hotels in Londen. Elk van de 10-12 m² grote kamers heeft een hypermoderne natte zone achter matglas en voor gasten die de slaap niet kunnen vatten een grote flatscreen-tv met iPod en iPhone-docking station. Het is zonde, want eigenlijk zou je hier zo min mogelijk tijd moeten doorbrengen. Het Z ligt immers midden in de wijk met de meeste restaurants, theaters, clubs, winkels en bioscopen, tussen Soho en Chinatown. Bovendien betaal je hier voor een overnachting een tarief dat je in een hotel in de suburbs van Londen zou verwachten.

17 Moor Street, W1D 5AP, tel. 020 35 51 37 00, www.thezhotels.com, metro: Tottenham Court Road, Leicester Square, 2 pk vanaf £ 75, gratis wifi

Eerlijke prijzen

The Hoxton ten noorden van M 1

In het stadsdeel Hoxton begon de *gentrification* van East End. De Young British Artists trokken hiernaartoe, op zoek naar leegstaande, goedkope hallen en pakhuizen. Wie nu door de straten van Hoxton loopt, ziet onmiddellijk dat de makelaars en speculanten aan het langste eind hebben getrokken. Maar hotel The Hoxton, op vijf minuten lopen van Hoxton Square, in Shoreditch, bewijst sinds 2006 dat geld niet alles is. Je kunt hier overnachten zonder eerst een lening bij je bank af te sluiten, maar je moet wel op tijd, via internet, boeken. Het hotel is modern, maar eenvoudig en geeft de indruk dat je een eerlijke prijs betaalt. Dat komt misschien ook doordat de eigenaar, Sinclair Beecham, mede-eigenaar is van de succesvolle broodjesketen Pret-à-Manger.

81 Great Eastern Street, EC2A 3HU, https://thehoxton.com, metro: Old Street, 2 pk vanaf £ 100 incl. ontbijtmand, gratis wifi en telefoon

In de lobby van het Hoxton gaat het er ontspannen aan toe.

Europa's miskende gourmetmetropool

De Britse schrijver Somerset Maugham schreef ooit: 'To eat well in England you should have breakfast three times a day.' Het vooroordeel dat je in Londen eigenlijk alleen maar slecht kunt eten, blijft hardnekkig bestaan. Het klopt allang niet meer!

De keuze aan buitenlandse keukens is enorm. Vrijwel elke *cuisine* ter wereld is vertegenwoordigd, sommige zelfs honderdvoudig. De Japanse keuken is enorm populair geworden. Ook worden er steeds meer vegetarische restaurants geopend, die geen nepworstjes serveren, maar de moed hebben fantasierijke, echt vegetarische gerechten te serveren. Veganisten komen ook aan hun trekken. Natuurlijk zijn er ook genoeg adressen voor wie zin heeft in een experiment op eetgebied. Echte gourmets moeten echter wel een hoop geld neertellen. Bij restaurants als St John's en Ottolenghi moet je daarom misschien volstaan met een blik op de menukaart bij de deur.

De Britten eten 's avonds hun hoofdmaaltijd en gaan daarom (behalve op zondag) ook meestal 's avonds uit eten. 's Middags zijn de restaurants in het centrum weliswaar bomvol, maar de gasten zijn dan overwegend zakenlieden en toeristen. Overdag doen de Britten het met broodjes, *crisps* (chips) en *chocolate bars* (chocoladerepen). Londenaren die bewust leven en goed op de calorieën letten, grijpen naar salades, vruchten of sushi.

Jamie's Italian – hier kookt de televisiester.

OM ZELF TE ONTDEKKEN

Soho en **Covent Garden** zijn de gevestigde 'eethoeken' van Londen. Ga naar **Spitalfields** in de City of London en naar **Bermondsey** aan de zuidoever van de Theems als je iets nieuws wilt beleven. Daartussen liggen allerlei buurten waar het de moeite waard is goed om je heen te kijken: **Queensway** bijvoorbeeld, aan de oostrand van Notting Hill of **Fulham Road** in **Chelsea.** In Londen geldt: restaurants verdwijnen net ao snel als ze gekomen zijn. Let op je kleding. Jeans en sportschoenen zijn in de betere restaurants niet gewenst.

Fooi: meestal is in de rekening al een *service charge* inbegrepen. Als je heel tevreden bent, kun je natuurlijk iets extra's geven. Doe dat bij voorkeur aan de bar, zodat je *tip* ook echt bij de bediening aankomt.

ZO BEGINT EEN GOEDE DAG IN LONDEN

Echt Engels ontbijt

Riding House Café kaart 2, D 2

De aanduiding café past niet helemaal bij het Riding House. Op bepaalde uren van de dag is het meer een moderne brasserie. Dat betekent dat je de hele dag doorlopend iets kunt eten. Er heerst hier een gemoedelijke sfeer en het personeel blijft vriendelijk, ook als de zaak overvol is. Op de ontbijtkaart staat ook een *'Full & Proper Breakfast'*, een 'echt' Engels ontbijt, met alles erop en eraan. 's Middags en 's avonds eet je hier steaks en hamburger, maar ook parelhoen en forel.

43-51 Great Titchfield Street, W1W 7PQ, tel. 020 79 27 08 40, www.ridinghousecafe.co.uk, metro: Oxford Circus. ma.-vr. 7.30-22, za. 9-22, zo. 9-21.30 uur, Full & Proper Breakfast £ 14,50, hoofdgerechten ca. £ 14,50

Original Bombay Café

Dishoom kaart 2, F 3

Wat denk je van een Indisch (of Iraans) ontbijt? Gezond, vegetarisch en biologisch, met vruchten, yoghurt en knapperige muesli. Je kunt ook uitpakken met eieren en spek *(bacon naan roll)*, een Bombay-omelet met gebakken tomaten of een scherpe kip-curry *(keema per edu)*. Als je later op de dag bij Dishoom binnenkomt, kun je je door de vele gerechten laten verleiden en door de sfeer van een Original Bombay Café. Deze cafés werden door Iraanse immigranten in Bombay bestierd en dienden als multicultureel ontmoetingspunt voor iedereen. Daar zaten rijke zakenlieden naast zwetende taxichauffeurs en intellectuelen naast arbeiders.

12 Upper St Martin's Lane, WC2H 9FB, tel. 020 74 20 93 20, www.dishoom.com, metro: Leicester Square, ma.-do. 8-23, vr. 8-24, za. 9-24, zo. 9-23 uur, ontbijt ca. £ 5,50, hoofdgerechten ca. £ 8

Espresso, cappuccino & Co.

Carluccio's Caffè kaart 2, D 2

Antonio Carluccio is Italiaan en afkomstig uit de provincie Salerno. In 1975 kwam hij naar Londen. In 1991 opende hij zijn allereerste Italiaanse delicatessenwinkel in Covent Garden. Het café aan Market Place was in 1999 het eerste van een keten van cafés met bijbehorende delicatessenwinkel. De gasten genoten van de Italiaanse specialiteiten en namen dan meteen wat lekkers mee naar huis. Carluccio's Cafés zijn heel succesvol, de sfeer is er altijd vriendelijk en ontspannen.

8 Market Place, W1W 8AG, tel. 020 76 36 22 28, www.carluccios.com/caffes/market-place, metro: Oxford Circus, ma.-vr. 7.30-23.30, za. 9-23.30, zo. 9-22.30 uur, ontbijt ca. £ 8, pasta ca. £ 10, hoofdgerechten ca. £ 16

DUURZAAM ETEN

Het oog wil ook wat

Manna ten noorden van D 1

Engelands oudste vegetarische restaurant – uit 1967 – kan zich in een grote populariteit verheugen. De ambiance is eleganter dan in de meeste andere vegetarische restaurants. Op tafel komt de beste *gourmet vegetarian cuisine*, gegarandeerd 100 % veganistisch en goed bereid. Ideaal na een bezoek aan Camden Market, Primrose Hill of Regent's Park.

4 Erskine Road, NW3 3AJ, tel. 020 77 22 80 28, www.mannav.com, metro: Chalk Farm, di.-vr. 12-15, 18.30-22, za. 12-15, 18-22, zo. 12-20.30 uur, kleine kaart ca. £ 7, hoofdgerechten ca. £ 14

Allround

Bluebird ten westen van A 8

Van het metrostation aan Sloane Square wandel je over de gezellige King's Road naar het Bluebird. In een witgekalkte voormalige productiehal van de Bluebird Motor Company zijn een bar, een café, een restaurant, een delicatessenwinkel, een wijnhandel en een eigen bakker ondergebracht, verdeeld over verschillende vertrekken op twee verdiepingen. Grote stijlenvensters en witte tralies geven de ruimte een heel bijzondere sfeer. Het qua prijs wijd uiteenlopende aanbod op het menu concentreert zich op de moderne Europese keuken. Het Bluebird

LUNCH IN HET MUSEUM

Vrijwel alle musea hebben inmiddels een restaurant of een café. Dankzij de toegenomen concurrentie is de kwaliteit hoog. Een ander voordeel: het is er vaak rustig en in sommige, zoals in het Tate Modern (zie foto) en de National Portrait Gallery, kun je bovendien van een mooi uitzicht genieten.

is echter vooral ontmoetingsplaats van de bewoners van de omringende, vaak heel mooie straatjes. In de zomer zitten de gasten graag buiten – zien en gezien worden is dan het motto.

350 King's Road, SW3 5UU, tel. 020 75 59 10 00, www.bluebird-restaurant.co.uk, metro: Sloane Square, restaurant: ma.-vr. 12-14.30, za., zo. 12-15.30, ma.-za. 18-22.30, zo. 18-21.30 uur, bar: ma.-do. 12-24, vr., za. 12-1, zo. 12-22.30 uur, café: ma.-vr. 8-23, za. 9-23, zo. 9-21 uur, tweegangenmenu vanaf £ 20

Als bij moeder thuis

Mildreds kaart 2, E 3

Ongelooflijk dat Mildred al sinds 1988 vegetarisch kookt in Soho. Er zijn zelfs filialen in Camden en King's Cross bij gekomen. Mildreds is ontspannen, gezellig en stampvol – net als vroeger aan moeders keukentafel. Je kunt niet reserveren, maar moet met een drankje aan de bar wachten.

45 Lexington Street, W1F 9AN, tel. 020 74 94 16 34. www.mildreds.co.uk, metro: Oxford Circus, Piccadilly Circus, ma.-za. 12-23 uur, hoofdgerechten £ 12

Vleesloos met pit

Saravanaa Bhavan ten noordoosten van A 1

Wie interessant gekruid vegetarisch eten wilt proberen, is bij Saravanaa Bhavan op de juiste plaats. Hier komt de Zuid-Indiase keuken op tafel, die van oudsher vegetarisch, goedkoop en in zijn veelzijdigheid een ware belevenis is. Je moet er wel een uitstapje met de metro naar Wembley voor maken, want Saravanaa Bhavan en vergelijkbare restaurants kunnen de huren in het centrum niet meer opbrengen. Ga bij het metrostation naar links. Je wordt niet teleurgesteld. De service is bijzonder efficiënt, maar toch vriendelijk. Voor een romantisch avondje uit is deze zaak echter niet geschikt.

22-22A Ealing Road, HA0 4TL, tel. 020 89 00 85 26, http://saravanabhavan.co.uk, metro: Wembley Central, ma.-do. 9.30-22.30, vr.-zo. 9.30-11 uur, hoofdgerechten vanaf £ 10

Van de boerderij

Amico Bio J 1

Amico Bio serveert vegetarische gerechten en veganistische schotels. En dat aan de rand van de Smithfield Central Market, de vleesmarkt in het centrum van Londen. Zou dat Italiaanse of Engelse humor zijn? Het is een heel gezellig restaurant met vriendelijk personeel. Pasquale Amico betrekt veel ingrediënten direct van de boerderij van zijn familie in Capua.

44 Cloth Fair, EC1A 7JQ, tel. 020 76 00 77 78, www.amicobio.co.uk, metro: Barbican, ma.-za. 12-15, 17-22.30 uur, hoofdgerechten £ 12

KLASSIEKERS EN HIPPE ZAKEN

Voor vleeseters

Tom's Kitchen A 7

Het restaurant ligt in een typisch zijstraatje in Chelsea tussen King's Road en

Fulham Road. In 2006 vestigde sterkok Tom Aikens zich in de voormalige pub The Blenheim. In zijn Engelse brasserie gaat goed eten samen met goede sfeer. En dat al vanaf het ontbijt. Kinderen krijgen hier hun eigen menukaart. Op zaterdag en zondag komt een uitgebreide brunch op tafel (reserveren). De moeite waard!

27 Cale Street, SW3 3QP, tel. 020 73 49 02 02, www.tomskitchen.co.uk, metro: Sloane Square, South Kensington, ma.-vr. 8-11.30, 12-14.40, 18-22.30, za., zo. brunch 9.30-15.30, 18-22.30 (zo. 21.30) uur, hoofdgerechten ca. £ 18, van de grill ca. £ 31

On the top

Coq d'Argent K 2

Wie wil er nou niet op een dakterras in de City zitten en uitkijken over eerbiedwaardige oude gebouwen of gloednieuwe wolkenkrabbers? Als je de karakteristieke jonge, dynamische, goed in hun slappe was zittende en succesvolle *beautiful people* van de City wilt ontmoeten, dan moet je op een zonnige namiddag naar de Coq d'Argent gaan en een glas champagne drinken met investment bankers, hedgefundsmanagers en advocaten. Laat je door de rij voor de deur niet afschrikken. Als je eenmaal boven bent, kun je een gin-tonic drinken of je aan een Pimms wagen. Dit is de tradionele Britse zomerdrank. Het restaurant is ook niet slecht: *french cuisine* met een zweem *modern european.* Het accent ligt op visgerechten en er staan ook veganistische en glutenvrije gerechten op de kaart.

1 Poultry, EC2R 8EJ, tel. 020 73 95 50 00, www.coqdargent.co.uk, metro: Bank (Exit 9), brasserie: ontbijt ma.-vr. 7.30-10, 's middags ma.-vr. 11.30-15, zo. 12-15, 's avonds ma.-vr. 18-22, za. 18.30-22 uur, bar: ma.-vr. 11.30-23, za. 18.30-23, zo. 12-17 uur, tweegangenmenu vanaf £ 28

Viskeuken in de slagerij

Randall & Aubin kaart 2, E 3

Deze in 1911 door Morin Randall en Cavenur Aubin als slachterij/slagerswinkel geopende zaak werd in 1996 overgenomen door twee restaurateurs, die zoveel mogelijk van de oorspronkelijke inrichting hebben bewaard. Nu is het een champagne- en oesterbar, waar echter ook vis- en vleesgerechten worden geserveerd. Probeer de traditionele *fisch & chips* met erwtenpuree en *sauce tartare* of de met abrikozen en rozemarijn gevulde lamsbout.

16 Brewer Street, W1F 0SQ, tel. 020 72 87 44 47, 020 74 78 05 07 (verkoop op straat), 020 74 78 05 04 (lunch/reserveren), www.randallandaubin.com, metro: Piccadilly Circus, ma.-do. 12-23, vr.-za. 12-24, zo. 12-22 uur, vis ca. £ 15,50, vlees ca. £ 19

Tapas en meer

José Pizarro L 5

Deze Spaanse chef heeft met het Pizarro Restaurant en José Tapas Bar zijn stempel op Bermondsey Road gedrukt. Zijn tapasbar is een groot succes. Reserveren kan niet en dat leidt op drukke momenten regelmatig tot lange wachttijden. Kom 's middags gewoon wat later en 's avonds wat vroeger. Er zijn veel kleine gerechten, die tussen £ 5,50 en £ 7 kosten – nog afgezien van de *jamón ibérico.* Een paar passen verderop ligt het restaurant met Spaanse specialiteiten. De patrijsstoofpot met truffels is heerlijk!

www.josepizarro.com, metro: London Bridge, Borough; tapasbar: 104 Bermondsey St, SE1 3UB, ma.-za. 12-22.15, zo. 12-17.15 uur, tapas ca. £ 8; restaurant: 194 Bermondsey Street, SE1 3TQ, tel. 020 73 78 94 55, ma.-za. 12-22.45, zo. 12-21.45 uur, hoofdgerechten ca. £ 23

Joodse keuken aan Regent's Park

Harry Morgan ten noorden van D 1

O OVERIGENS

Wees niet verbaasd als restaurants geen alcoholhoudende dranken schenken. **Alcoholverkoop** is in Groot-Brittannië aan strenge regels gebonden en niet elk restaurant krijgt zomaar een *licence.* Je mag echter je eigen fles wijn meenemen. Het restaurant berekent daarvoor een *corkage fee,* dat wil zeggen een vergoeding van een paar pond voor het openen van de fles.

Aan de noordwestrand van het Regent's Park, op enkele passen van de Lord's Cricket Ground, loopt de St John's Wood High Street. Deze gold altijd als bastion van Joden die het gemaakt hadden. Harry Morgan opende hier in 1948 een winkeltje, waar je hapjes kon kopen om mee te nemen. In de loop der jaren ontwikkelde deze snackbar zich tot het grootste Londense hapjesrestaurant, naar New Yorks voorbeeld. Harry Morgan's serveert uitstekende en goedkope Joodse gerechten, zoals kippensoep met kreplach, gezouten rundvlees en 'gefilte fisj', en broodje pastrami kreplach.

31 St John's Wood High Street, NW8 7NH, tel. 020 77 22 18 69, www.harryms.co.uk, metro: St John's Wood, ma.-vr. 9-22.30, za., zo. 12-22.30 uur, kippensoep £ 6,95, broodje £ 11,95, klassieke hamburger £ 10,95

Pasta maakt gelukkig

Jamie's Italian kaart 2, F 3

Topkok Jamie Oliver heeft er nooit een geheim van gemaakt dat hij sterk is beïnvloed door de Italiaanse keuken. Sinds 2008 heeft hij een keten Italiaanse 'buurtrestaurants' in Groot-Brittannië opgezet, die een enorm succes zijn. Je kunt maar beperkt reserveren en de rijen zijn dan ook lang, of het nu gaat om Covent Garden, Canary Wharf, Oxford of Cambridge. Er staan rustieke Italiaanse gerechten op de kaart; de pasta wordt elke dag vers gemaakt. De sfeer is ontspannen.

11 Upper St Martin's Lane, WC2H 9FB, tel. 020 33 26 63 90, www.jamieoliver.com, metro: Leicester Square (uitgang: Cranebourne Street), ma.-za. 11.30-23, zo. 11.30-22.30 uur, pasta en hoofdgerechten ca. £ 12

Vers uit de oceaan

J. Sheekey kaart 2, F 3

Eigenlijk zouden er veel meer visrestaurants in Engeland moeten zijn. Jammer genoeg is dat echter niet het geval. Een handvol gevestigde (en vaak dure) restaurants kan echter wel de eer hooghouden. J. Sheekey, een van de oudste restaurants van Londen, is daar een van. Het is in 1896 opgericht. De eetzaal ademt een typisch Engelse sfeer. Sheekey's is een paradijs voor visliefhebbers. Er is echter ook *fish & chips* voor een redelijke prijs en sinds 2008 ook een Oyster Bar, waarvan de sfeer zelfs ontspannen kan worden genoemd.

28-32 St Martin's Court, WC2N 4AL, tel. 020 72 40 25 65, www.j-sheekey.co.uk, metro:

Het nieuwe terras van J. Sheekey – een plaats om te kijken en gezien te worden.

Leicester Square, ma.-vr. 12-15, 17-24, za. 12-15, 17.30-24, zo. 12-15.30, 17.30-22.30 uur, Oyster Bar: ma.-za. 12-24, zo. 12-23 uur, tweegangenmenu £ 23,75

Niet voor Soep-Hein

Cây Tre Soho ⓫ kaart 2, E 2

Voor de liefhebbers van de Vietnamese *cuisine* in Londen zijn Cây Tre in Old Street en het tot dezelfde groep behorende Viet Grill in Kingsland Road bekende begrippen. De nieuwe filialen in Soho bieden de bekende kwaliteit, maar de menukaart is gek genoeg minder omvangrijk. Varkensvlees behoort tot de belangrijkste ingrediënten, maar je kunt ook kiezen voor een gerecht met reuzenmeerval. Probeer het Vietnamese nationale gerecht *pho* (spreek uit: foe), een bouillon met kip *(pho gà)* of rundvlees *(pho bò)*, rijstnoedels en verse kruiden.

42-43 Dean Street, W1D 4PZ, tel. 020 73 17 91 18, http://vietnamesekitchen.co.uk/cay-tre-soho, metro: Piccadilly Circus, Tottenham Court Road, ma.-do. 11-23, vr., za. 11-23.30, zo. 11-22 uur, hoofdgerechten ca. £ 10

De goede oude tijd

boho mexica ⓫ M 1

Mexicaanse keuken, Mexicaanse cocktails en Mexicaans bier zijn 'in', de populariteit van boho mexica bewijst het maar weer eens. Aan Commercial Street vestigen zich steeds meer restaurants, winkels en lawaaierige pubs. Ook boho mexica is druk, maar niettemin heel gezellig. Mexicaanse kranten uit de jaren 30 tot 50 van de vorige eeuw en filmaffiches sieren de wanden en ook de muziek is op de sound van die jaren geïnspireerd. Het personeel is behulpzaam en vooral vriendelijk.

151-153 Commercial Street, E1 6BJ, tel. 020 73 77 84 18, www.bohomexica.com, metro: Shoreditch High Street, Aldgate East, Liverpool Street, ma., di. 17.30-22, wo., do. 17.30-23, vr. 12-14.30, 1.30-23.30, za. 17.30-23.30, zo. 12-16, 17-22.30 uur, taco's £ 7,50, hoofdgerechten ca. £ 15

Idyllische 'eethoek'

Shepherd Market ⓫ C 4

Shepherd Market in de deftige wijk Mayfair is een schilderachtig voetgangersgebied met winkeltjes, cafés, broodjeszaken, bistro's, restaurants uit allerlei landen en oude pubs. In de zomer kun je heerlijk idyllisch en bijna romantisch op een van de vele terrassen zitten. Het plein lijkt ver verwijderd van alle drukte en lawaai te zijn. Hier werden echter nooit schapen gehoed of te koop aangeboden, zoals de naam doet vermoeden. Het plein is genoemd naar Edward Shepherd, die in de 18e eeuw een bekende architect en veelbouwer was.

Parallel aan Curzon Street, W1J 7QU, www.shepherdmarket.co.uk, metro: Green Park

Spaanse hapjes

Copita ⓫ kaart 2, E 2

Het 'Glaasje' ligt in een zijstraatje tussen Wardour en Poland Street. Hier worden echte tapas aangeboden – een ruime keuze aan tapas die je in drie, vier happen opeet. Om de honger op te wekken is dat voldoende. Natuurlijk zijn er ook vegetarische lekkernijen tussen te ontdekken. Erbij kun je wijn, sherry of sekt bestellen, ook per glas. 's Avonds zit de Copita stampvol en verdringen de gasten zich zelfs op straat, wat maar aangeeft hoe goed deze echte tapasbar is.

26-27 D'Arbley Street, W1F 8ET, tel. 020 72 87 77 97, www.copita.co.uk, metro: Oxford Circus, Tottenham Court Road, ma.-vr. 11-2, keuken 12-16, 17.30-22.30 uur, tapas £ 2,50-8,25

Eten uit de kleipot

Original Tagines ⓫ B 1

Dit gezellige kleine restaurant bestond al toen de Marokkaanse keuken nog niet *flavour of the month* was. Het is daarom misschien ook wel zo authentiek gebleven. Met name de *tajinegerechten* zijn echte aanraders, ze worden in allerlei variaties bereid, bijvoorbeeld lamsvlees met peren of vis met kruiden. Vegetariërs bestellen bijvoorbeeld de groentetajine 'Berber' met paprika, komijn en verse kruiden. Er is niet veel ruimte, maar het lekkere eten maakt alles goed.

7a Dorset Street, W1U 6QN, tel. 020 79 35 15 45, metro: Baker Street, dag. 11-24 uur, hoofdgerechten ca. £ 18

EXPERIMENTEEL EN ONGEWOON

De zee ontmoet de velden

Burger & Lobster D 4
Je hebt hier de keus tussen vers gegrilde hamburgers of kreeft. Het concept vindt zijn oorsprong in de Verenigde Staten. De keus is beperkt. Je kunt snel een keus maken en zult vrijwel nooit worden teleurgesteld. Dus: ofwel de hamburger van 100 % vlees van op gras geweide Ierse of met maïs gevoerde Nebraska-runderen, ofwel kreeft uit Canada – gestoofd of gegrild. Erbij krijg je sla en friet. Of je nu hamburger of kreeft kiest, de prijs is hetzelfde. Green Park en Hyde Park zijn vlakbij.

29 Clarges Street, W1J 7EF, tel. 020 74 09 16 99 (reserveren alleen zo.), www.burgerandlobster.com, metro: Green Park, Hyde Park Corner, ma.-za. 12-22.30, zo. 12-17.30 uur, hoofdgerechten £ 20

Koken als event

Counter Culture ten zuiden van C 8
Dit is een tamelijk nieuw restaurant. De naam zegt het al. De gasten zitten aan de bar *(counter)* en kijken toe hoe de koks aan het fornuis aan het werk zijn. Er zijn slechts vijftien plaatsen en als de zon schijnt nog een paar extra in de openlucht. Voorlopig moet je je wijn zelf meenemen. Denk er wel aan dat het een *pintxos*-bar betreft, de Baskische variant van de tapasbar. Er zijn dus alleen hapjes te krijgen. Ga er dus niet heen als je veel trek hebt, want dan ben je duur uit.

16 The Pavement, SW4 0HY, tel. 020 81 91 79 60, www.countercultureclapham.co.uk, metro: Clapham Common, di.-vr. 18-23, za. 15-23 uur, *pintxos* ca. £ 7, *corkage fee* £ 4

VOOR VERWENDE SMAAKPAPILLEN

In het oosten moet je zijn. De meest trendy wijk in Londen is vandaag de dag het oosten. Daartoe behoort ook een kleine huizenrij tussen de spoordambogen aan Bethnal Green Road. **Paradise Row** heet dit straatje, en er zitten een Wine Bar, een Japans restaurant, een bierkelder met honderden biersoorten en het avontuurlijke ontmoetingspunt **Paradise Garage** (ten noordoosten van M 1, 254 Paradise Row, E2 9LE, tel. 020 76 13 15 02, www.paradise254.com, metro: Bethnal Green, 's middags wo.-vr. 12-15, za., zo. 10.30-15, 's avonds di.-za. 18-22 uur, gerechten £ 8-14,50). Het concept hier is *nouvelle cuisine*: kleine porties voor hoge prijzen. Ze smaken echter heerlijk! Daarover bestaat geen twijfel.

Een 'geheime tip', al sinds 1972

Tayyabs ten oosten van M 2
Brick Lane is wijd en zijd beroemd om zijn curry-restaurants. Wie interessantere gerechten wil proeven, moet nog tien minuten verderlopen in oostelijke richting. De lange rij die zich elke avond voor Tayyabs vormt, spreekt boekdelen. Het is zonder twijfel het beste Pakistaanse restaurant in de omgeving. De meeste gasten zijn Pakistanen. Voor ongeveer £ 15 krijg je hier een voorgerecht, een hoofdgerecht, rijst, *naan* (ongerezen brood) en *pompadoms* (gefrituurde wafels van linzenmeel). Vanwege de grote populariteit moet je ofwel een tafel reserveren of bereid zijn heel lang te wachten.

83-89 Fieldgate Street (achter Whitechapel Road), E1 1JU, tel. 020 72 47 95 43 of 020 72 47 85 21, www.tayyabs.co.uk, metro: Aldgate East en Whitechapel, ma.-zo. 12-24 uur

Familieaangelegenheid

Asakusa ten noorden van E 1
Dit restaurant ken ik al vele jaren en ik ben steeds weer verrast door de constante hoge kwaliteit. Het is dan ook een familiebedrijf! Asakusa (spreek uit: Asak'sa) is een klein restaurant, dat eerder aan een gezellige pub doet denken dan aan een normaal gesproken minimalistisch ingericht Japans fijnproeversrestaurant. Er worden hier authentieke specialiteiten uit Nippon bereid met een grote kennis van zaken

en zorgvuldigheid. Er komen dan ook veel Japanners.
265 Eversholt Street, NW1 1BA, tel. 020 73 88 85 33, metro: Mornington Crescent, Camden Town, ma.-vr. 18-23.30, za. 18-23 uur, hoofdgerechten vanaf £ 15

Fusion food

Song Que ten noorden van M 1
Je moet wel een beetje avontuurlijk zijn ingesteld, want de schilderachtige Kingsland Road ligt niet in een wijk waar veel toeristen komen, maar is onderdeel van een nieuwe in het oosten, die nog maandelijks verandert. Zowel de inrichting als de bediening is niet om over naar huis te schrijven, maar toch geldt Song Que als een van de beste Vietnamese restaurants van Londen. De gasten komen hier voor de veelzijdige Vietnamese keuken, die beïnvloed is door de Chinese en Thaise, maar ook Franse kookkunst. Ook de typisch Vietnamese noedelsoep, *pho*, die in 27 variaties wordt bereid, is heerlijk.
134 Kingsland Road, E2 8DY, tel. 020 76 13 32 22, www.songque.co.uk, metro: Hoxton Overground, ma.-vr. 12-15, 17.30-23, za. 12-23, zo. 12-22.30 uur, bijna alle gerechten minder dan £ 10

Houd je van scherp?

The Sichuan L 1
De meeste Chinese restaurants op het Europese continent bieden de Kantonese keuken. Je hebt nog nooit echt Chinees gegeten, als je niet ook de veel interessantere en veel scherper gekruide gerechten uit Sichuan hebt geproefd. Meesterkok Zhang Xiao Zhong is afkomstig uit de hoofdstad Chengdu. Zijn oom en zijn grootvader waren al bekende chefs in hun vaderland. Al bij een blik op de, zoals gebruikelijk met foto's verduidelijkte menukaart loopt het water je in de mond. Neem de tijd voor een keuze en laat je adviseren. Geef aan hoe scherp je het wilt hebben en geniet met volle teugen van de Sichuan-keuken.
14 City Road, EC1Y 2AA, tel. 020 75 88 54 89, www.thesichuan.co.uk, metro: Moorgate, ma.-za. 12-23 uur, hoofdgerechten vanaf £ 10

STREET FOOD

Dit is bijna nog een geheime tip, ook al heeft de **Exmouth Market** (ten noorden van H 1, EC1R 4QE, www.exmouth-market.com, metro: Farringdon, ma.-vr. 12-15 uur) inmiddels al zijn tiende verjaardag gevierd. Sinds de komst van de markt is de buurt tussen Islington en de City of London volledig veranderd. Doe net als de werknemers van de kantoren uit de buurt. Haal wat lekkers bij een van de kramen en zoek bij mooi weer een plekje om het op te eten in het nabijgelegen Spa Fields Park.

Ben je koopziek?

OM ZELF TE ONTDEKKEN

De bezoekersstromen komen vooral af op de legendarische adressen als **Portobello Road** of de markten in **Camden, Chelsea** en **Spitalfields**. Londenaren gaan eerder naar East End, naar de **Bethnal Green Street Market** of naar het zuiden van Londen, naar **Brixton**. Tot de vaste waarden van de shoppingwereld behoren **Oxford Street** met zijn warenhuizen en de luxewinkels in **Regent Street** en **Bond Street**. Ook **Brompton Road** met Harrod's, het warenhuis van de superlatieven, is een echte attractie. Hier verdringen zich dagelijks duizenden mensen. En dat terwijl de zijstraten van de grote winkelboulevards meestal veel interessanter zijn: zoals **St Christopher's Place** of **South Molton Street.** Een paar passen uit de drukte vandaan en je kunt je eigen ontdekkingsreis starten.

Nu eens dit, dan weer dat: modetrends veranderen van seizoen op seizoen, nieuwe trends houden het vaak nog geen jaar uit, grote ketens verdringen kleine particuliere winkels. In Londen gaat het net als in andere grote steden.
Veel blijft echter ook hetzelfde: Portobello Road bijvoorbeeld, en de Chelsea Antiques Market en laten we de Camden Market niet vergeten. Ik hoop echter dat je je niet al te erg op een tripje naar de traditierijke boekwinkels van Charing Cross Road hebt verheugd. Deze hebben inmiddels plaatsgemaakt voor grote boekwinkelketens. De meeste bezoekers die door het centrum stromen valt dit overigens niet eens op.
Wat openingstijden betreft is Londen nog bijna ouderwets, vergeleken met bijvoorbeeld New York. Slechts enkele winkels zijn dag en nacht geopend. Een uitzondering vormen de supermarkten in de suburbs. Londenaren zitten 's avonds namelijk liever in een restaurant, een bar of club, of gaan naar de film.

In de grote winkelstraten, zoals Oxford Street, is het winkelplezier doorgaans om 21 uur afgelopen, op donderdag een uur later. Op zondag zijn de winkels 'maar' van 12 tot 18 uur open. In de wat chiquere straten van Mayfair en Knightsbridge gelden echter kortere openingstijden. Laat op de avond winkelen is hier niet in. De klandizie met haar gouden creditcard wil bij het geld uitgeven natuurlijk wel worden gezien.

Zou mij die jurk wel staan? In Londen vindt iedereen, man of vrouw, wat bij hem of haar past.

BOEKEN EN MUZIEK

Uit de prehistorie

Hatchards kaart 2, D 3

Direct naast het warenhuis Fortnum & Mason vind je Londens oudste onafhankelijke boekwinkel en hofleverancier van de Queen, de Duke of Edinburgh en de troonopvolger prince Charles. Ondanks de koninklijke klandizie mag het voortbestaan van deze winkel een wonder worden genoemd in deze stad, waar zoveel boekwinkels van naam moesten sluiten of door grote ketens werden opgeslokt. Bij Hatchards kwamen lord Byron en Oscar Wilde al boeken kopen. Dat wil echter niet zeggen dat dit *landmark*, dat al sinds 1797 een zeer omvangrijk assortiment in een deftige ambiance aanbiedt, stoffig of uit de tijd is.

187 Piccadilly, W1J 9LE, tel. 020 74 39 99 21, www.hatchards.co.uk, metro: Piccadilly, ma.-za. 9.30-20, zo. 12-18.30 uur

Een paradijs voor globetrotters!

Daunt Books C 1

Als je binnenkomt, op de begane grond van deze boekwinkel, waan je je in de leeszaal van een Engels internaat: rechts en links overvolle boekenplanken, en daarboven een houten galerij die ook vol boeken staat. En boven dat alles een glazen dak van een wintertuin – in totaal drie verdiepingen van de meest uiteenlopende soorten reisboeken. Ook bellettrie, biografieën en tuinboeken behoren tot het assortiment.

83-84 Marylebone High Street, W1U 4QW, tel. 020 72 24 22 95, www.dauntbooks.co.uk, metro: Baker Street, Regent's Park, ma.-za. 9-19.30, zo. 11-18 uur

Hebben we niet bestaat niet

John Sandoe Books B 7

In dit kleine 18e-eeuwse pand in een zijstraat van King's Road liggen zo'n dertigduizend boeken opgestapeld, op werkelijk alle mogelijke plekken. De boekhandel opende al in 1957 zijn deuren en wordt in de geest van Sandoe voortgezet. Hij geldt als een van de beste onafhankelijke boekwinkels van Londen. Het assortiment getuigt van een grenzeloze passie voor het gedrukte woord – ongeacht thema en genre. Men doet er alles aan om de door jou gewenste titel te vinden, ook als het uitverkocht is, geen ISB-nummer heeft of een privé-uitgave is.

10 Blacklands Terrace, SW3 2SR, tel. 020 75 89 94 73, www.johnsandoe.com, metro: Sloane Square, ma.-za. 9.30-18.30, zo. 11-17 uur

Als je bij Rough Trade East je lievelingsplaat met Indie-muziek niet vindt, is het verspilde moeite om elders te gaan zoeken.

De Indie-specialist in Londen

Rough Trade East ten oosten van M 1

In de Old Truman Brewery zit sinds 2007 de ultieme winkel voor Indie-muziek in Londen: rock-pop, reggae, techno, house, breakbeat, downtempo, electronic, country-folk-blues … – *'you name it, they've got it'*. Er staan regelmatig live-evenementen op het programma, dan is de winkel dicht. Een leuke zaak. Het begon allemaal in 1988 met de winkel aan Talbot Road in Notting Hill – tegenwoordig Rough Trade West.

Dray Walk, 91 Brick Lane, E1 6QL, tel. 020 73 92 77 88, www.roughtrade.com, metro: Shoreditch High Street, Aldgate East, ma.-do. 8-21, vr. 8-20, za. 10-20, zo. 11-19 uur

CONTAINER-WARENHUIS

Vlak bij Brick Lane vind je het **Boxpark** (ten oosten van M 1, 2-10 Bethnal Green Road, E1 6GY, www.boxpark.co.uk, metro: Shoreditch High Street, ma.-za. 11-19, zo. 11-18 uur). Het betreft ruim twintig individuele handelaren die in naast elkaar geplaatste containers hun waren aanbieden: Colourstudio (sokken in alle denkbare kleuren), Decorum (smaakvolle objecten voor huis en tuin), Diptyque (geuroliën en geurkaarsen), Urbanears (grote keus aan koptelefoons) en ook STA Travel, een reisbureau voor jonge reizigers.

DELICATESSEN EN LEVENSMIDDELEN

Een culinair warenhuis

Fortnum & Mason kaart 2, D 3
Ongetwijfeld een van de elegantste levensmiddelenwinkels ter wereld. Dit Britse instituut werd in 1707 opgericht. Het warenhuis is beroemd om zijn thee, mosterd, marmelade en Engelse *pies.* Ook het assortiment kaas, vlees, gebak en wijn is de moeite waard. Felbegeerd zijn de delicatessenpicknickmanden van Fortnum & Mason. Deze *hampers* zijn er in kleine vorm voor £ 50 en in wasmandformaat voor maximaal £ 850, inclusief bestek en servies. De delicatessen vullen misschien niet zo, maar maken wel veel indruk op het gazon van Glyndebourne, Henley of Ascot. Fortnum & Mason is de ideale winkel voor dure souvenirs. Je kunt alvast proeven in een van de vijf inpandige restaurants. In de Wine Bar kun je elke wijn van de wijnafdeling proberen. De barkeeper ontkurkt hem voor £ 15 – *corkage fee* heet dat. Behalve delicatessen heeft het warenhuis een hele verdieping voor dames met accessoires, parfums, cosmetica en sieraden. Bovendien heeft het babykleding en op de derde verdieping alles voor heren. Wees gerust, voor het geval je nog iets hebt vergeten: er zijn filialen op het station St Pancras International en op Heathrow Terminal 5.

181 Piccadilly, W1A 1ER, tel. 020 77 34 80 40, www.fortnumandmason.co.uk, metro: Piccadilly Circus, Green Park, ma.-za. 11.30-21, zo. 11.30-18 uur

KUNST- EN VLOOIENMARKTEN

Wie het eerst komt …

Bermondsey Antiques Market
L 5
Deze markt is in 1855 in Noord-Londen begonnen en was bekend als helermarkt. Dieven konden hier rustig hun gestolen waar verkopen. Volgens koninklijk decreet hoefde gestolen goed dat hier gekocht was niet aan de rechtmatige eigenaar te worden teruggegeven. Men gaf dit gebruik de dure Franse naam *marché ouvert* (open markt). Tegenwoordig verdringen zich vroeg op de vrijdagochtend handelaren en professionele verzamelaars rond de vijfhonderd kramen. Tot het aanbod behoren sieraden, zilver en victoriaanse kunstnijverheid, schilderijen, golfclubs en oude muziekinstrumenten. Als je serieuze plannen hebt om hier iets te kopen, moet je zo vroeg mogelijk komen.

Bermondsey Square, SE1 3UN, www.bermondseysquare.net, metro: Borough, London Bridge, vr. 6-14 uur

Voor elk wat wils

Camden Passage ten noorden van G 1
Ga niet naar Camden Town, maar naar metrostation Angel. Deze markt ligt in het stadsdeel Islington en dit behoort op zijn beurt tot de trendy wijken van Londen. De restaurants, bars en pubs in Upper Street zitten altijd stampvol. De charmante Camden Passage bestaat uit veel kleine antiekwinkeltjes, die echter heel duur zijn. Het veelzijdige en interessante aanbod reikt van antiek via mode, sieraden en parfum tot fournituren en wol. Op donderdag is er een speciale boekenmarkt, op zondag ligt de nadruk op kleding. Veel winkels zijn elke dag open.

Camden Passage, N1 8EA, tel. 074 63 55 78 99, www.camdenpassageislington.co.uk, metro: Angel, algemene markt wo., za. 7-18, boekenmarkt do. 8.30-18, kledingmarkt zo. 12-19 uur

De markt van de superlatieven

Portobello Road Antiques Market kaart 3, A 1

Of het de grootste antiekmarkt ter wereld is, valt nog te bezien. In elk geval gaat het met meer dan duizend verkopers om de grootste overdekte markt van Londen. Hier vind je gewoonweg alles. Bij de serieuzere kramen kan het lonend zijn om wat kennis van zaken voor te wenden. De prijs ligt dan vaak ver beneden die voor toeristen. Afdingen wordt in ieder geval verwacht. Op zaterdag staan er ook buiten veel kramen. Andere interessante winkels en boetieks zijn te vinden in vlakbij gelegen straten als Westbourne Grove, Chepstow Villas of Ledbury Road.

Portobello Road, W10 5TA, tel. 020 77 27 76 84, www.portobelloroad.co.uk, metro: Ladbroke Grove, Notting Hill Gate, marktkramen za. 9-17 uur, winkels in Portobello Road dag. geopend

Shoppen en snoepen

Brick Lane Market ten oosten van M 1

Deze markt gaat terug tot de 17e eeuw. Hij werd altijd op zondag gehouden, omdat de meeste inwoners van de buurt Joods waren. Laat je een bezoek aan deze markt niet ontgaan. Zondag is daarvoor nog altijd de beste dag.

In deze omgeving botsten altijd al tegengestelde werelden met elkaar. De *gentrification* van het oosten is overal voelbaar. In de talloze vintage-boetieks, onafhankelijke boekwinkels, gezellige cafés en interessante bars vinden winkelliefhebbers en fijnproevers een waar paradijs. Of je nu grammofoonplaten, tweedehandsboeken of babykleding met Jimi Hendrix erop wilt kopen, je vindt het allemaal. Sushi of paella, Argentijnse steak of Turkse *gözleme,* ook je culinaire reis kent geen grenzen.

91 Brick Lane, E1 6QR, tel. 20 77 70 60 28, www.visitbricklane.org, metro: Shoreditch High Street, Aldgate East, dag. geopend

Authentiek

Broadway Market ten noorden van M 1

Dat het oosten in de lift zit, is allang geen geheim meer. Wie echter avontuurlijker wil zijn dan de massa's die zich op Brick Lane verdringen, moet eens op een zaterdag naar de Broadway Market gaan. Deze markt werd pas in 2004 door een burgerinitiatief weer in het leven geroepen. Op zonnige dagen is het hier ook heel druk, maar de markt is overzichtelijker. Grammofoonplaten, vintage-kleding, bloemen of Franse *saucissons,* Vietnamese koffie of Duitse

Zouden ze echt zijn? – Sieradenverkoop op de Portobello Road Market.

Bratwurst, je vindt het hier allemaal. Wie zin heeft, gaat na een bezoek aan de markt in de London Fields op het gras liggen of wandelen langs het Regent's Canal.

Broadway Market, E8 4PH, www.broadwaymarket.co.uk, metro van Hoxton Station naar Falkirk Street, daar bus 394 tot Ada Street, markt: za. 9-17 uur

CADEAUS, DESIGN, CURIOSA

Het is niet alles goud wat er blinkt

London Silver Vaults G/H 2

Een Londens instituut midden in een historisch interessante buurt. Maar liefst 25 kooplieden verhandelen in de voormalige kluizen van de Chancery Lane Safe Deposit alles wat van zilver is, van sieraden en bestek tot kandelaars en reusachtige tafeldecoraties. Engels zilver herken je aan het merk 925 (92,5 %), naast nog vier andere merken.

53-64 Chancery Lane, WC2A 1QS, tel. 020 72 42 38 44, www.silvervaultslondon.com, metro: Chancery Lane, ma.-vr. 9-17.30, za. 9-13 uur

Waar de galg ooit stond

Grays Antique Centre C 2

Mochten de winkels en warenhuizen aan Oxford Street je op de zenuwen werken, dan zou je deze antiekmarkt, die buiten de grote drukte ligt, eens moeten bezoeken. Het assortiment van de tweehonderd kooplieden is interessant en afwisselend: kunstobjecten, prachtige antieke sieraden, maar ook kleding, boeken, munten, medailles, poppen en speelgoed. In 1977 werd het gebouw overgenomen van Benny Gray en gerestaureerd. In de kelder stroomt een riviertje in een kanaal. Het is de beroemde/beruchte Tyburn, die net als veel andere rivieren en beken in Londen generaties lang onder het plaveizel verborgen bleven. Aan de Tyburn stond in de 18e eeuw in de buurt van de tegenwoordige Marble Arch een van de galgen van Londen.

58 Davies Street & 1-7 Davies Mews, W1K 5AB, tel. 020 76 29 93 44, www.graysantiques.com, metro: Bond Street, ma.-vr. 10-18, za. 11-17 uur

DRAAGBAAR WEERSTATION

Dat het in Londen altijd regent, is niet helemaal waar. Dat het in Londen vaak regent, valt niet te ontkennen. Waarom maak je er niet iets leuks van met een paraplu die als hij nat wordt allerlei kleuren aanneemt? Deze bijzondere **paraplu** van **squid** (www.squidlondon.com), bijvoorbeeld met de skyline van Londen erop, kun je onder andere in de Tate Gallery, in het British Museum of bij Selfridges kopen. Er is ook een regencape die van kleur verandert als het goed begint te plenzen.

Exquise geuren

Les Senteurs C 6

Belgravia is een van de chiqueste wijken van Londen en Eaton Square een van de mooiste pleinen van Belgravia. Niet ver daarvandaan opende het echtpaar Hawksley in 1984 hun exquise parfumerie. De Hawksleys waren van mening dat de meeste warenhuizen geen echt goede keus aan geuren boden en wilden in dit gat in de markt duiken. Uit hun succes blijkt dat ze gelijk hadden. De zaak is nog steeds een familiebedrijf en heeft een filiaal aan Seymour Place in de buurt van Marble Arch.

71 Elizabeth Street, SW1W 9PJ, tel. 020 77 30 23 22, www.lessenteurs.com, metro: Sloane Square, ma.-za. 10-18 uur

MODE EN ACCESSOIRES

Vintage-kleding en meer

Blitz London ten noorden van M 1

Het klinkt een beetje macaber als een nieuwe modezaak voor tweedehandskleding in East End zich 'Blitz' noemt. De Britten noemden de bombardementen van de Duitsers in de Tweede Wereldoorlog die grote delen van East End verwoestten immers zo. Britse humor is soms niet te volgen. Het 'Time-Out'-stadsmagazine noemt

De combinatie doet het 'm: het gevarieerde vintage-aanbod in de Blitz.

Blitz als een van de tien beste winkels in Londen. Zelfs model Kate Moss schijnt hier haar inkopen te doen. Op twee verdiepingen liggen behalve met de hand uitgezochte *vintage clothes* ook een geweldige keuze aan oude Swatch-horloges, fietsen, oude meubels, kroonluchters en Amerikaanse basketbalschoenen uitgestald. Ook boeken en grammofoonplaten behoren tot het assortiment. In de Blitz zit zelfs een café – vanzelfsprekend in retrodesign!

55-59 Hanbury Street, E1 5JP, tel. 020 73 77 07 30, www.blitzlondon.co.uk, metro: Shoreditch High Street, Aldgate East, ma.-za. 11-17, zo. 12-18 uur

Kindvriendelijke kleding

Sasti kaart 3, A 1

We kennen allemaal de peperdure winkels voor kinderkleding. Rosie Carpenter en Julie Taft hebben al vele jaren geleden ingezien dat het ook anders kan en kwaliteit en mooi design niet vanzelfsprekend onbetaalbaar hoeven te zijn. Sasti biedt heel mooie kleding voor zuigelingen en kinderen tot tien jaar oud, die heel draagbaar zijn.

Unit 6 Portobello Green Arcade, 281 Portobello Road (onder de snelweg Westway), W10 5TZ, tel. 020 89 60 11 25, www.sasti.co.uk, metro: Ladbroke Grove, ma.-za. 10-18 uur

Sieraden

Kabiri C 2

In 2004 richtte Nathalie Kabiri deze schitterende Designer Jewellery Store op, om bekende en onbekende juweliers en goud- en zilversmeden uit de hele wereld een podium te bieden. De sieraden zijn voor het grootste deel heel modern, maar net zo individueel als de vijftig kunstenaars die hier worden voorgesteld. De prijzen zijn eveneens heel uiteenlopend. Je hoeft geen drempelvrees te hebben: er is iets voor elke portemonnee – van £ 50 tot ver boven £ 10.000. De uitstallingen en de goudsmeden veranderen regelmatig.

94 Marylebone Lane, W1U 2PZ, tel. 020 73 17 21 50, Personal Shopper tel. 020 73 17 21 55, www.kabiri.co.uk, metro: Baker Street, ma.-za. 10-18.30 uur

Last orders!

Sightseeing klaar? Moe, maar happy? Opgedirkt en 'ready to go'! Eens zien wat de avond brengt. Bezoekers en Londenaren hebben na een inspannende dag tijd nodig om het allemaal los te laten. Geen stress dus! De bestorming van bioscopen, theaters en restaurants is nog niet begonnen. Ga eerst eens rustig naar een local op de hoek en ontspan je even! Als er tenminste nog een te vinden is. Het grote verdwijnen van pubs op het eiland is namelijk ook niet ongemerkt aan Londen voorbij gegaan.

Een van de redenen daarvoor zijn de nieuwe drinkgewoonten. Voor jonge Londenaren is lauwwarm *ale* of saai bier van de tap uit. Zij geven de voorkeur aan *craft beer* van kleine, onafhankelijke brouwerijen. Ook (goede) wijn wordt veel gedronken, op de hielen gevolgd door allerlei fantasierijke cocktails. Bars, lounges en clubs hebben zich ingesteld op de smaak van de tijd.

Dat geldt niet voor de historische, schilderachtige kroegen. Toch zijn ze – en dat is een hele troost – nog altijd een publiekstrekker. Dat is vooral dankzij de bezoekers uit het buitenland. Hier kun je nog de typische Britse pubsfeer proeven en de Britse biercultuur beleven. Pas echter wel op en mis de laatste ronde niet! De strenge regels rond de openingstijden voor pubs zijn weliswaar opgeheven, maar elke kroegbaas moet een officieel verzoek tot verlenging indienen en op een bepaald moment is het uit met de pret.

Cheers! – het maakt niet uit wat je drinkt.

OM ZELF TE ONTDEKKEN

Van oudsher trekken zowel buitenlandse bezoekers als Londenaren 's avonds en vooral in het weekend naar **West End**, het uitgaanscentrum van de stad. *'We're going to the West End'* betekent: we gaan ons amuseren en misschien ook nog wat leren. Wie op zeker wil spelen en niet lang wil zoeken, richt zijn schreden op **Soho, Covent Garden** en **Mayfair**. Inmiddels trekken echter ook anders stadsdelen met interessante galeries, bioscopen en theaters, clubs en bars, naast gezellige restaurants. Avontuurlijk ingestelde nachtbrakers moeten eens een kijkje nemen in **Islington, Bermondsey, Bethnal Green** en natuurlijk op de **South Bank**. De populaire hotspots van het nachtleven veranderen echter voortdurend. Hier geldt het motto: de ogen openhouden!

BARS EN KROEGEN

Alleen bij maneschijn

Blind Pig ✪ kaart 2, E 2

'Blind varken' of 'maneschijnkroeg' – zo heetten tijdens de Prohibition in de VS kroegen die illegaal alcohol schonken. *Moonshine* op zijn beurt was illegaal gestookte sterkedrank. Aan deze periode herinnert de inrichting van de Blind Pig met zijn spiegelplafond, met leer beklede barkrukken aan een lange, koperen bar, oude houten stoelen aan kleine tafels en leren banken langs de muren. Heel nostalgisch, maar niet bedrukkend. De cocktails dragen fantasierijke namen. Als je wilt weten wat erin zit, moet je het recept lezen. Overigens is het Social Eating House, dat bij de Blind Pig hoort, geen sociale instelling, maar een van de beste restaurants van Soho.

58 Poland Street, W1F 7NS, tel. 020 79 93 32 51, www.socialeatinghouse.com, metro: Oxford Circus, Tottenham Court Road, ma.-za. 12-24 uur

'De beste cocktails ter wereld'

The Cocktail Trading Co. ✪ J 1

Zouden de barkeepers echt de beste drankjes ter wereld mixen en shaken? Misschien. De gasten voelen zich hier in ieder geval op hun gemak. De glazen of bekers waarin de drinks worden geserveerd lijken wel kunstwerken. Naar Londense maatstaven zijn de alcoholhoudende creaties zo goedkoop (ca. £ 9), dat je misschien voor de zekerheid eerst in het restaurant op de bovenverdieping een bodempje moet leggen.

50-52 Long Lane, EC1A 9EJ, tel. 020 74 27 60 97, www.thecocktailtradingco.co.uk, metro: Barbican, Farringdon, ma.-wo. 17-23.30, do., vr. 17-24, za. 14-24, zo. 14-22.30 uur

De gouden jaren 20

The Gibson ✪ ten noorden van K 1

Het is eigenlijk raar dat zo veel Londense cocktailbars zich moeten 'verkleden'. Ook deze zaak aan de rand van de financiële wijk, de City of London, vormt daar geen uitzondering op. Hij richt zich op de jaren 1920, met art deco, kaarslicht en dergelijke – heel sympathiek. Een voordeel: de openingstijden zijn ruimer dan die van de meeste andere bars.

44 Old Street, EC1V 9AQ, tel. 020 76 08 27 74, www.thegibsonbar.london, metro: Barbican, ma.-za. 17-2 uur

PUBS

Ook voor wie geen bier drinkt

The Cittie of Yorke ✪ G 1

The Cittie of Yorke, oorspronkelijk een wijn- en sherrybar, moet je echt even zien, ook als je geen bier drinkt. Hij be-

EVENEMENTENAGENDA

TimeOut London: het oudste stadsmagazine van Londen informeert wekelijks in druk over het uitgaansaanbod. De gratis krant ligt elke dinsdag in metro- en treinstations, in winkels, cafés, bioscopen, theaters, musea en galeries. Online kun je op www.timeout.com/london zien wat er te doen is.

Kaartverkoop vooraf: om er zeker van te zijn dat je je kaartje voor een show of theatervoorstelling ook werkelijk ontvangt, beveel ik Ticketmaster aan (tel. 016 16 37 26 97, www.ticketmaster.co.uk). Je kunt het echter ook bij het theater zelf proberen. Zo is er bij het National Theatre elke dag vanaf 9.30 uur een beperkt aantal goedkope kaarten voor de dag zelf beschikbaar.

tkts-kiosk, (✪ kaart 2, E 3): aan de zuidzijde van Leicester Square staat de kiosk, waar je goedkope kaartjes kunt kopen voor theatervoorstellingen en musicals. Vertrouw geen andere kaartjesverkopers op Leicester Square. Informatie op: www.tkts.co.uk.

In de Lamb & Flag wordt allang niet meer gevochten. Tegenwoordig gaat men vriendelijk met elkaar om.

hoort tot de Londense pubs, die zelf beweren de oudste van de stad te zijn. De lange, zeer hoge vakwerkzaal zou aan de 15e eeuw herinneren. Enorme (lege) vaten vormen de langste toog van Engeland. Je kunt ook in een van de kleine, met hout betimmerde nissen gaan zitten. Een echte attractie is de driezijdige haard, waarvan de rook niet direct door de schoorsteen wordt afgevoerd, maar via de kelder naar buiten wordt geleid. Hier staat al sinds 1430 een herberg, die eind 17e eeuw tijdelijk als Coffee House werd ingericht. Nu zien we een kakelbonte mengeling van verschillende perioden die in de jaren 20 van de vorige eeuw is samengesteld.

22 High Holborn, WC1V 6BS, tel. 020 72 42 76 70, metro: Holborn, ma.-za. 12-23 uur

Voormalige bokserskroeg

Lamb & Flag ✪ kaart 2, F 3

Ook deze pub in het hart van Covent Garden maakt aanspraak op de titel de oudste pub van Londen te zijn. Inderdaad was hier al in 1623 een gelegenheid waar alcohol werd geschonken. Daar moet echter bij vermeld worden dat bij de Grote Brand in 1666 vrijwel alle pubs en inns zijn verwoest. De huizen in Londen waren destijds helemaal van hout. Pas bij de wederopbouw werd steen voorgeschreven. Een tijd lang was deze pub in de volksmond bekend als 'De Emmer vol Bloed', omdat er vaak bokswedstrijden werden gehouden.

33 Rose Street, WC2E 9EB, tel. 020 74 97 95 04, www.lambandflagcoventgarden.co.uk, metro: Leicester Square, Covent Garden, ma.-za. 11-23, zo. 12-23 uur

In goed gezelschap

Prospect of Whitby ✪ ten oosten van M 4

Deze pub aan de Theems stamt uit 1520. Destijds heette hij The Pelican, maar het werd The Devil's Tavern, omdat de klandizie voornamelijk uit smokkelaars, dieven, piraten en ander gespuis uit de buurt bestond. In de 18e eeuw brandde het oorspronkelijke gebouw af, maar werd direct weer opgebouwd. Het behoort tot de populairste toeristische attracties van Londen. Ga er toch even kijken, alleen al vanwege het mooie uitzicht op de Theems. De eerste fuchsia zou via deze pub in Engeland zijn gekomen. Een tuinman uit de buurt zou er een jonge matroos zijn tegengekomen die een paar plantjes bij zich had. De tuinman bood hem een paar glazen rum aan, kreeg een stekje en kweekte de planten met succes in zijn tuinderij.

57 Wapping Wall. E1W 3SH, tel. 020 74 81 10 95, www.taylor-walker.co.uk/pub/prospect-of-whitby-wapping/c8166/, metro: Wapping, ma.-do. 12-23, vr., za. 12-24, zo. 12-22.30 uur

Bisschoppelijke enclave

Ye Olde Mitre Tavern ✪ H 1

Ely Court loopt parallel aan de juweliers- en diamantverkopersstraat Hatton Garden en ligt eigenlijk helemaal niet in Londen. Officieel behoort het doodlopende steegje nog altijd tot het graafschap Cambridgeshire, omdat hier in de 14e eeuw de zomerresidentie van de bisschop van Ely lag. De pub werd in 1546 voor de dienaren van de bisschop gebouwd. Nu is Ely Place de laatste Londense straat in privébezit. De pub is niet gemakkelijk te vinden!

1 Ely Court, Ely Place, EC1N 6SJ, tel. 020 74 05 47 51, www.yeoldemitreholborn.co.uk, metro: Chancery Lane, Farringdon, ma.-vr. 11-23 uur

Een victoriaans pronkstuk

The Salisbury kaart 2, F 3

De gouden eeuw voor pubs was ongetwijfeld de 19e eeuw. Het waren toen echte paleizen. Niet zozeer wat formaat betreft, zoals te zien aan de andere pub met de naam Salisbury in het stadsdeel Haringey, maar wel qua decoratie: veel pluche, geslepen glasplaten en spiegels, gepolijst messing en mahoniehouten betimmering. De Salisbury in de buurt van Trafalgar Square, aan de westrand van Covent Garden, moet je gezien hebben.

90 St Martin's Lane, WC2N 4AP, tel. 020 78 36 58 63, www.taylor-walker.co.uk/pub/salisbury-covent-garden/c3111/, metro: Leicester Square, ma.-do. 11-23, vr. 11-24, za. 12-24, zo. 12-22.30 uur

Altijd een krantenkop waard

Ye Olde Cheshire Cheese H 2

Eigenlijk geneer ik me een beetje dat ik deze pub noem, maar ik wil je het genoegen niet onthouden je een keer door de gelagkamer een weg naar de toog te banen. Der Cheshire Cheese is volkomen terecht een toeristische attractie. In 1667, een jaar na de Grote Brand, werd hij herbouwd. Sindsdien komen hier beroemdheden hun *ale* drinken: Charles Dickens, Dr. Johnson, Mark Twain, Theodore Roosevelt … Destijds was Fleet Street de machtigste krantenstraat ter wereld. Geen wonder dat in 1926 bijna tweehonderd kranten over de hele wereld berichtten over de dood van pubpapegaai Polly. De krantenuitgeverijen zijn vertrokken. De Cheshire Cheese houdt stand.

48 Crutched Friars, Tower Hill, EC3N 2AP, tel. 020 77 02 16 28, www.cheshirecheeselondon.co.uk, metro: Tower Hill, ma.-vr. 10-23, za. 12-23 uur

LIVEMUZIEK

Goede mix

Green Note ten noorden van D 1

Dat is nog eens wat: livemuziek, vegetarische gerechten en eenmaal per maand poëzievoordracht. Het brede muzikale spectrum omvat folk en roots, blues, world, jazz, country, bluegrass en natuurlijk singer-songwriter. Ook internationale artiesten treden hier op. Behalve alcoholische dranken als cocktails, bier en wijn worden er ook biologische thee, versgeperste sappen en smoothies geserveerd. Deze nog jonge club heeft een korte tijd een naam opgebouwd. Tickets zijn vaak snel uitverkocht.

106 Parkway, NW1 7AN, tel. 020 74 85 98 99, www.greennote.co.uk, metro: Camden Town, wo., do. 19-23, vr., za. 19-24, zo. 13-23 uur

Sinds 1973

Dingwalls ten noorden van G 1

De meeste bezoekers van de Camden Market weten niet dat in het gebouw aan het kanaal een van de oudste muziekclubs van Londen zit. De Sex Pistols hebben hier opgetreden, maar ook Blondie, The Ramones, The Foo Fighters, Mumford and Sons en Ellie Goulding. Het is een kleine *music venue* met plaats voor slechts vijfhonderd gasten, die niet tot de leidende clubs van de stad behoort. De artiesten zijn vaak onbekend en/of behoren tot de indie-scene, maar de club heeft charme. Bijzonder dat hij standhoudt naast het Round House.

0 OVERIGENS

Cocktailcreaties en coole jazz in een voormalig pissoir? Dit is de laatste aanpassing van een van de vele openbare toiletten uit de spilzieke tijd van Edward VII. Ze waren prachtig betegeld en er stonden mooie porseleinen pisbakken. Ze werden echter al tientallen jaren geleden door de gemeente gesloten. Nu hebben ze een tweede leven als kapsalon, makelaarskantoor, café, cabaret en muziekclub, zoals de **Bermondsey Arts Club** (L 6, 102a Tower Bridge Road, SE1 4TP, tel. 020 33 02 06 10, www.bermondseyartsclub.co.uk, metro: Borough, Elephant & Castle, di.-za. 18-2 uur).

Middle Yard, Camden Lock, NW1 8AB, tel. 019 20 82 30 98, www.dingwalls.com, metro: Camden Town, Chalk Farm, zo.-do. 19.30-23 uur

Bijna als in Nashville

The Blues Kitchen Shoreditch

ten noorden van M 1

Eigenlijk is de Blueskeuken in de eerste plaats restaurant en bar, maar er treedt altijd wel iemand op. Het aanbod loopt van rock 'n' roll via soul, motown en swing naar blues. Samen met de Amerikaanse menukaart ontstaat zo een sfeer als in een bluesclub in Nashville. Een whisky versterkt dat gevoel nog eens.

134-146 Curtain Road, EC2A 3AR, tel. 020 77 29 72 16, www.theblueskitchen.com, metro: Old Street, Shoreditch High Street, ma.-wo. 12-14, do. 12-1, vr. 12-3, zo. 11-22.30 uur

De naam zegt het al

Ain't Nothin But The Blues

kaart 2, D 2/3

Deze bar is volledig aan de blues gewijd. Amy Winehouse heeft hier gezongen, zij had de blues in haar bloed. Er spelen echter ook oude rotten: honky-tonk en west coast, chicago en roots. De sfeer is uniek, het publiek net zo gemengd als de muziek: oud en jong, zwart en blank. Er is elke avond livemuziek, vaak zijn er ook jamsessies.

20 Kingly Street, W1B 5PZ, tel. 020 72 87 05 14, www.aintnothinbut.co.uk, metro: Oxford Circus, Piccadilly Circus, zo. 15-23.30 (gratis toegang), ma.-do. 17-1 (gratis), vr. 17-2 (gratis voor 20.30), za. 15-2 uur (gratis voor 20.30)

JAZZ

Een Londense legende

Ronnie Scott's kaart 2, E 2

Saxofonist Ronnie Scott (1927-1996) was een van de belangrijkste figuren binnen de Engelse jazzscene en heeft zich veertig jaar lang ingespannen om de beste musici uit Amerika en Europa naar Londen te halen. De in 1959 opgerichte jazzclub ligt midden in Soho en biedt nog steeds het beste van de internationale jazz, een leuke locatie om een avondje door te brengen. In het publiek bevinden zich veel musici en er ontstaan aan de bar vaak interessante gesprekken. Op zondag is er een lunchshow – zogezegd jazz met roastbeef.

47 Frith Street, W1D 4HT, tel. 020 74 39 07 47, www.ronniescotts.co.uk, metro: Leicester Square, Tottenham Court Road, Piccadilly Circus, ma.-za. vanaf 18 uur, laatste show ma.-do. 23, vr., za. 1, zo. 12-16, 18.30-24 uur

Jazz naast de pizzaoven

Pizza Express Jazz kaart 2, E 2

Pizza Express is een heel acceptabele keten van restaurants, die Italiaans eten omlijst met jazzmuziek. In deze kelder in Soho wordt de allerbeste mainstream-

Het Jazz Café in Camden Town biedt weer een goed programma.

jazz gespeeld. Norah Jones heeft hier gezongen. Sting gaf hier spontaan een voorstelling. De gasten van het restaurant komen duidelijk voor de muziek, ze luisteren echt. Veel muzikanten uit het buitenland zijn hier te gast.

10 Dean Street, W1D 3RW, tel. 020 74 39 49 62, www.pizzaexpresslive.com, metro: Tottenham Court Road

Nieuwe start

Jazz Café ✪ ten noorden van D 1

De jazzclub schuin tegenover het metrostation Camden Town laat weer van zich spreken met een zeer interessant programma, sinds hij in 2016 een nieuwe eigenaar heeft gekregen. Deze liet de zaak volledig renoveren en – heel belangrijk! – een nieuw sound system inbouwen.

5 Parkway, NW1 1PG, tel. 020 74 85 68 34, www.thejazzcafelondon.com, metro: Camden Town, restaurant dag. 7-23, liveshows vanaf 19 uur, Club Nights 23-3 uur

Geïmproviseerd

Vortex ✪ ten noorden van M 1

Deze club is weliswaar wat buiten het centrum gelegen, maar de reis zeker waard. Hij bevalt met name liefhebbers van de geïmproviseerde jazz. Aan de sessies nemen vaak ook musici deel uit andere disciplines: klassiek, wereldmuziek, computer, rock.

11 Gillett Square, N16 8AZ, tel. 020 72 54 40 97, www.vortexjazz.co.uk, Overground: Dalston Kingsland, dag. 20-24 uur

DANSEN

Een adres met traditie

100 Wardour St ✪ kaart 2, E 2

De naam sluit aan bij de succesvolle Marquee Club, die vroeger op nr. 90 Wardour Street zat. Al in 1962 hadden de Rolling Stones daar hun allereerste optreden. Alles, wat aanzien en naam had of beroemd wilde worden, speelde in de Marquee. In 1988 werd de club gesloten. De naam verhuisde nog een tijdje van het ene naar het andere adres, maar verdween toen. Het adres bleef echter in de hoofden van de fans hangen. De oude nr. 90 werd gesloopt en vervangen door restaurants en woonhuizen. Het nieuwe 100 Wardour Street is echter niets voor arme hippies, mods en punks. Op de begane grond zit een groot, niet erg goedkoop bar-restaurant en in de kelder een club met deejays en livemuziek – alles van jazz tot blues, latin, electro en house. Het is modern, maar heeft sfeer. De kleine gerechten in de club raad ik van harte aan. Heerlijk!

100 Wardour Street, W1F 0TN, tel. 020 73 14 40 00, www.100wardourst.com, metro: Oxford Street, Tottenham Court Road, Leicester Square, Piccadilly Circus, di.-wo. 17-2, do.-za. 17-3 uur

Welkom in het paradijs

Mahiki ✪ kaart 2, D 3

Deze Mayfair-club heeft het allemaal: de sfeer is hot, er is voldoende glamour, de muziek is uitstekend en je hebt bovendien de kans om de ene of de andere *celebrity* onopvallend gade te slaan. Kijk in de eventmagazines wie op dat moment in Londen een concert geeft, bijvoorbeeld in de O_2 Arena in Greenwich. Die sterren zijn dol op Mahiki. Als je de roddelbladen mag geloven zou zelfs prince Harry (die geen goede club overslaat) al eens zijn langsgekomen. De prijzen zijn in de Mahiki lager dan in andere lievelingsclubs van Harry. De stemming is er minstens zo uitgelaten. Het kost ongeveer £ 15 om door de door *bouncers* bewaakte deur te komen. Daarvoor krijg je Polynesische cocktails, die genoeg zijn voor drie personen. Ook de inrichting is Polynesisch – in stijl met de naam van de zaak, dat 'pad naar de Polynesische onderwereld' betekent. Ontdek zelf maar wat daarmee wordt bedoeld! Je moet wel reserveren, want anders maak je geen kans.

1 Dover Street, W1S 4LD, tel. 020 74 93 95 29, http://mahiki.com/london, ma.-za. 18-3 uur

Reisinformatie

AANKOMST

... met het vliegtuig
Luchthaven London Heathrow (LHR): 🕮 kaart 4. Met metro Piccadilly Line in ca. 45 min. naar het centrum. De Heathrow Express naar station Paddington is aanzienlijk duurder, maar doet er maar 15 min. over.
Luchthaven Gatwick (LGW): 45 km ten zuiden van Londen. Het snelst is de Gatwick Express: in 30 min naar Victoria Station (vertrek: elke 15 min.). Southern Trains rijdt ook viermaal per uur naar Victoria Station. Thames Link en Great Northern rijden naar de stations London Bridge, St Pancras International en naar het vliegveld van Luton. Reisduur tussen 30 en 45 min.
London Luton Airport (LTN): 56 km ten noordwesten van Londen. Eerst met de Shuttle Bus naar station Luton Airport Parkway. Reisduur 10 min. elke 10 min. rijden er treinen naar de verschillende stations in London, bijvoorbeeld St Pancras International. Reisduur ca. 40 min. Vergeet niet om bus en trein te boeken.
London Stansted Airport (STN): 64 km ten noordoosten van Londen. De Stansted Express rijdt elke 15 min. in 47 min. naar station Liverpool Street.
London City Airport (LCY): 🕮 kaart 4. 14 km van het centrum in de oude haven vlak bij het financiële centrum van Canary Wharf. Docklands Light Railway (DLR) rijdt in 20 min. naar metrostation Bank.

... met de trein
De Eurostar kun je in Brussel, Parijs en Calais nemen. Hij brengt je in Londen naar station **St Pancras International**.

BETER ZONDER AUTO

Wie met de auto komt, moet ofwel met de **veerboot** of door de **Eurotunnel.** De meeste veerboten varen tussen Calais en Dover. Rederijen zijn P & O Ferries en DFDS Seaways, die ook op Duinkerken vaart. De rit onder het Kanaal door van Calais naar Folkestone duurt met de Rolling Highway, ofwel Le Shuttle, ca. 35-40 minuten.
Als je alleen naar Londen gaat, kun je de auto beter thuis laten. In Londen wordt in het centrum **tol** geheven. Bovendien is **parkeerruimte** beperkt en duur. Foutparkeerders ontlopen de vele *traffic wardens* in geen geval en de boetes zijn torenhoog.

OPENBAAR VERVOER

Transport for London
Het openbaar vervoer bestaat uit de metro *(tube)*, een soort sneltram *(overground)* en lokale treinen *(TfL Rail, DLR, NationalRail)*, een busnet, trams en veerboten. De ritprijzen zijn hoog. De meeste Londenaren betalen ofwel per Oyster Card of met hun contactloze betaalkaart. Informeer bij je bank, of je kaart al up-to-date is. In bus en trein kun je niet contant betalen. Een buskaartje kost £ 1,50, een enkele reis voor een zone in de metro £ 4,90, met de Oyster Card of de contactloze betaalkaart £ 2,40. Met de Day Travelcard (£ 12) kun je in de zones 1 en 2 een dag lang zonder beperking rondreizen. De Oyster Card is in de regel toch het goedkoopst. Informatie, dienstregeling en plattegronden **www.tfl.gov.uk**.

London River Bus Service
De personenveerboot op de Theems wordt gerund door Transport for London. De boten leggen aan bij Millbank Pier, London Eye, Bankside, London Bridge, Tower, North Greenwich en Greenwich. Info: https://tfl.gov.uk/modes/river.

Taxi's

Black cabs: in Londen zijn nauwelijks taxistandplaatsen, je wenkt gewoon vanaf de stoeprand een vrije *black cab*, herkenbaar aan het verlichte bordje *'Taxi'* of *'For Hire'* op het dak. Meestal kun je met een creditcard betalen. Een (contante) fooi van 10-15 % is gebruikelijk.
Mini-cabs: in tegenstelling tot de zwarte taxi's zijn *mini-cabs* gewone personenauto's die alleen telefonisch kunnen worden besteld. Alleen ritten langer dan 2 mijl zijn interessant. Het is verboden (en gevaarlijk) een *mini-cab* aan te houden. Vraag het restaurant of de hotelreceptie om er een voor je te bestellen.
Telefonisch een taxi bestellen: Radio Taxis (tel. 020 72 72 02 72), Dial-a-Cab (tel. 020 72 53 50 00, 020 74 26 34 20, creditcards), Taxi One-Number (tel. 087 18 71 87 10, taxi's voor gehandicapten)
Uber: jonge mensen zweren bij de goedkope taxidienst met particuliere auto's. Om er gebruik van te maken moet je van tevoren een rekening openen via je smartphone (www.uber.com/nl).
London Lady Chauffeurs: voor vrouwen, met vrouwelijke chauffeurs, tel. 020 88 78 77 77, www.londonlady chauffeurs.co.uk.

Fietsverhuur

Santander Cycles: het Londense vervoersbedrijf (Transport for London) stelt 10.000 huurfietsen ter beschikking op meer dan zevenhonderd verhuurstations, verspreid door de stad. De fietsen worden gesponsord door de Santander Bank (https://tfl.gov.uk/modes/cycling/santander-cycles).

DIPLOMATIEKE VERTEGENWOORDIGINGEN

Nederlandse ambassade: 38 Hyde Park Gate, London SW7 5DP, tel. 020 75 90 32 00, www.netherlands-embassy.org.uk, lon@minbuza.nl.
Belgische ambassade: 17 Grosvenor Crescent, London SW1X 7EE, tel. 020 74 70 37 00, http://diplomatie.belgium.be/united_kingdom, london@diplobel.fed.be.

VISITOR OYSTER CARD

Met deze chipcard kun je zonder contant geld van bus en trein gebruikmaken en wel tegen gunstiger voorwaarden. Hij is voor £ 3 te koop bij het metroloket op de luchthaven en in alle grote metrostations. Je kunt de Visitor Oyster Card ook voor vertrek laten opsturen. Voor de eerste rit moet de card worden opgeladen. Voor een bezoek van twee dagen moet £ 15 volstaan. Op bijna alle stations staan automaten om op te laden (https://tfl.gov.uk/fares-and-payments/oyster).

REIZEN MET EEN HANDICAP

Openbaar vervoer: is niet goed toegankelijk voor gehandicapten in Londen. De meeste bussen hebben nu wel een hellingbaan en de meeste metrostations zijn voorzien van roltrappen, maar vaak moeten er daarvoor of daarna nog trappen worden bedwongen. Liften die een rolstoeler direct naar het perron kunnen brengen, zijn er maar heel weinig.
Artsline: informatie over de diverse culturele evenementen (ww.artsline.org.uk).
Can Be Done: helpt bij het vinden van onderdak en organiseert stadsrondritten. Informatie: tel. +44 20 89 07 24 00, www.canbedone.co.uk.
Tourism for All: biedt onder andere informatie over geschikte accommodatie voor gehandicapten en oudere reizigers. Informatie: ma.-vr. 9-17 uur, tel. 084 51 24 99 71, vanuit het buitenland tel. +44 15 39 72 61 11, www.tourismforall.org.uk.

RONDLEIDINGEN

Als je iets over de stad wilt leren, zijn er tientallen sightseeingbussen, rondleidingen te voet of rondvaartboten. Ik heb er een paar voor je uitgezocht.

Word het je al rood voor de ogen? – Fietsen in Londen vraagt ervaring.

The Original London Sightseeing Tour: dag. 8-20 uur om de 20 min. Dit is een van de bekendste rondleidingbedrijven. De belangrijkste opstapplaats vind je op Trafalgar Square, maar je kunt op elke halte van de rondrit instappen. Kaarten verkrijgbaar bij het Original London Visitor Centre, 17-19 Cockspur Street, Trafalgar Square, SW1Y 5BL, tel. 020 88 77 17 22, bij onlineboeking kosten ze £ 26, met korting £ 15, gezinsticket (twee volwassenen, twee kinderen) £ 75.

Original London Walks: tel. 020 76 24 39 78, www.walks.com. Het oudste en bekendste bedrijf voor begeleide wandelingen door Londen. Of je nu op zoek bent naar spoken of in de voetstappen van Jack the Ripper wilt treden, of je de routes van de bruiloftsstoeten van royalty wilt volgen of de plaatsen waar Harry Potter is opgenomen. Bij London Walks vind je het allemaal. Aan jou de keuze (£ 10, met korting £ 8).

London Beatles Walks: tel. 020 79 58 70 63 29, www.beatlesinlondon.com. Weet nog iemand wie The Beatles waren? Natuurlijk! Best gek, als je bedenkt dat de groep zijn eerste hit in 1962 had ('Love Me Do'). Richard Porter is niet alleen eigenaar van de Beatles Coffee Shop, maar ook schrijver van de 'Guide to the Beatles – London'. Hij organiseert vijf wandelingen per week, maar kan ook voor privérondleidingen worden geboekt.

Dutch girl in London: www.dutchgirlinlondon.com, ma. 15 uur, duur: 90 min. £ 10 (contant en gepast betalen). Rondleiding door Brick Lane en omgeving door de Nederlandse Zarina, die al sinds 2012 in Londen woont. Het is ook mogelijk een rondleiding op maat te boeken.

Londen vanaf het water: de Theems is allang niet meer alleen een waterweg voor vrachtboten. Er varen tegenwoordig ook comfortabele rondvaartboten – snelle of langzame. Op de steigers *(piers)* staan informatieborden met de route. De bekendste is City Cruises (tel. 020 77 40 04 00, www.citycruises.com, kaartjes vanaf £ 10).

Thames Rockets: 🕮 G 4, Boarding Gate 1, Waterloo Millennium Pier, direct onder het London Eye. Wie van

ADRESSEN VINDEN

De Engelse **postcodes** *(areal code)* zijn heel nauwkeurig. Ze verwijzen niet alleen naar een plaats of stadsdeel, maar naar een straat, een huizenrij, een kant van een straat en soms zelfs naar een bepaald gebouw. De postcode geeft doorgaans dus het precieze adres aan, maar niet altijd het huisnummer.

Als je met de **navi-app** onderweg bent, hoef je alleen maar de *areal code* in te typen om je bestemming te bereiken. De code bestaat uit twee delen, als het tweede met een 0 begint, is het altijd het cijfer 0 en geen letter O.

LONDON PASS

De London Pass biedt toegang tot meer dan zestig toeristische attracties – van Apsley House tot Windsor Castle. Hoe meer je er bezoekt, hoe meer geld je bespaart. Gezien het prijspeil in Londen maakt dat veel uit. Op de chipcard wordt opgeslagen wanneer en waar je je London Pass voor het eerst gebruikt en hoe lang hij geldig is. Hij wordt pas geactiveerd als je de kaart voor het eerst gebruikt. 'Dag' betekent in dit geval kalenderdag. Begin dus vroeg in de ochtend. Er zit weliswaar een prijslimiet op, maar die bereik je toch niet.
Als je een London Pass inclusief Travelcard (voor metro, bussen en Docklands Light Railway) hebt aangeschaft, staat op het stempel op deze Travelcard de door jou bij aankoop opgegeven begin- en einddatum vermeld. Dat betekent dat als je de metro van Heathrow Airport naar het centrum van Londen wilt nemen, je je London Pass inclusief Travelcard voor het begin van de reis naar je huisadres moet laten opsturen. Met de London Pass omzeil je ook de lange rijen bij de meestbezochte attracties.
Informatie: www.londonpass.com, 1 dag £ 59, 5-15 jaar £ 39, 2 dagen £ 79/£ 59, 3 dagen £ 95/£ 66, 6 dagen £ 129/£ 172, 10 dagen £ 159/£ 109; met Travelcard 1 dag £ 72/£ 45, 2 dagen £ 97/£ 71, 3 dagen £ 123/£ 84, 6 dagen £ 172/£ 119, 10 dagen £ 212/£ 162. Kinderen tot 11 jaar gratis, mits begeleid door een volwassene.

snelheid houdt, kan een rondleiding per speedboat maken. Dat voelt een beetje alsof je Londen vanuit een achtbaan wilt bekijken. Je gaat in 15 minuten (£ 25, tot 14 jaar £ 15) van The Shard of in 50 minuten (£ 39,50/£ 25,95) van het London Eye naar Canary Wharf en terug, en in 80 minuten van het London Eye naar de Thames Barrier en terug (£ 49,95/£ 31,50). Ik garandeer je, je zult je geen moment vervelen. Daar krijg je de tijd niet voor!

TOERISTENINFORMATIE

The Original London Visitor Centre: kaart 2, E 3, 17-19 Cockspur Street, Trafalgar Square, SW1Y 5BLT, tel. 020 88 77 17 22

Internet
www.visitlondon.com: de officiële website van het Britse toeristenbureau.
www.londontown.com: op deze website vind je alles wat een vreemdeling nodig heeft. Nuttige informatie voor wie Londen voor het eerst bezoekt.
www.hidden-london.com: voor wie zich wil laten verrassen.

VEILIGHEID EN NOODGEVALLEN

Noodgevallen: tel. 999, mobiel tel. 112 (politie, ambulance, brandweer)
Blokkeren creditcard: tel. +49 11 61 16

Ziekenhuis – spoedgevallen
Chelsea and Westminster Hospital: ten westen van A 6, 69 Fulham Road, SW10 9NH, tel. 020 87 46 80 00
University College London Hospital: ten noorden van D/E 1, 35 Euston Road, NW1 2BU, tel. 084 51 55 50 00

Tandarts – spoedgevallen
Guy's Hospital: K 4, Great Maze Pond, SE1 9RT, tel. 020 71 88 71 88, 9-17 uur
Emergency Dentist: ten westen van A 6, 94 Lillie Road, Fulham, SW6 7SR, tel. 020 76 10 01 01

Apotheken
Zafash Pharmacy: ten westen van A 6, 233-235 Old Brompton Road, tel. 020 73 73 27 98 (24-uursdienst). Informeer voor nachtdiensten bij de politie.

Hoe zegt u?

over the moon

Overgelukkig
Wie was er niet eens 'over de maan'?

Lol

Keihard lachen
sms-afkorting voor 'laughing out loud'

BRILLIANT

Heel goed
Het klinkt alsof het meer is.

I have to spend a penny

Ik moet naar de wc.

(That's) not on my radar

Interesseert me niet

Taxi!

Ook in Londen houd je hiermee een taxi aan, maar alleen een black cab.

BLOODY HELL

Verdorie
Ook Engelsen vloeken.

Bangers and Mash

Worstjes met aardappelpuree
een typisch Engels gerecht

Blimey!

Hemel!
Maar ook: geweldig!
– afhankelijk van de context

Yes, please!

Ja, alsjeblieft!
De Engelsen zijn een beleefd volk. 'Alsjeblieft' wordt veel gebruikt, net als 'No, thank you'.

MIND THE GAP!

Pas op het gat!
Waarschuwing als je in de metro stapt.

Paklijst

> DATUM

....

> AANTAL DAGEN

....

> HET WEER

- WARM
- KOUD
- NAT

> BASISUITRUSTING

- ANWB EXTRA
- PASPOORT/ID-KAART
- TICKETS & VISUM
- RIJBEWIJS
- BANKPASSEN
- MEDICIJNEN
- VERZEKERINGEN
- HOTELADRES
- ....
- ....
- ....
- ....
- ....

C
CHECK

> KLEDING

- ....
- ....
- ....
- ....
- ....
- ....
- ....
- ....
- ....
- ....
- ....
- ....
- ....
- ....

> TOILETARTIKELEN

- ....
- ....
- ....
- ....
- ....
- ....
- ....
- ....
- ....
- ....
- ....
- ....
- ....

> DIVERSEN

- ....
- ....
- ....
- ....
- ....
- ....
- ....
- ....

> ELEKTRONICA

- ....
- ....
- ....
- ....
- ....

Mijn tripplanner

DAG 1

Blz ...... MUST SEE ....
Blz ....
Blz ....
Blz ....
Blz ....
Blz ....
Blz ...... ETEN&DRINKEN ....
Blz ....

DAG 2

Blz ...... MUST SEE ....
Blz ....
Blz ....
Blz ....
Blz ....
Blz ....
Blz ...... ETEN&DRINKEN ....
Blz ....

DAG 3

Blz ...... MUST SEE ....
Blz ....
Blz ....
Blz ....
Blz ....
Blz ....
Blz ...... ETEN&DRINKEN ....
Blz ....

DAG 4

Blz ...... MUST SEE ....
Blz ....
Blz ....
Blz ....
Blz ....
Blz ....
Blz ...... ETEN&DRINKEN ....
Blz ....

MUST SEE .... Blz ......
.... Blz ......
.... Blz ......
.... Blz ......
.... Blz ......
.... Blz ......
ETEN&DRINKEN .... Blz ......
.... Blz ......

DAG 5

MUST SEE .... Blz ......
.... Blz ......
.... Blz ......
.... Blz ......
.... Blz ......
.... Blz ......
ETEN&DRINKEN .... Blz ......
.... Blz ......

DAG 6

MUST SEE .... Blz ......
.... Blz ......
.... Blz ......
.... Blz ......
.... Blz ......
.... Blz ......
ETEN&DRINKEN .... Blz ......
.... Blz ......

DAG 7

.... Blz ......
.... Blz ......
.... Blz ......
.... Blz ......
.... Blz ......
.... Blz ......
.... Blz ......
.... Blz ......

E EXTRA

Notities

T
TIPS

Favoriete plekken – **review**

> OVERNACHTEN

ACCOMMODATIE ► ....

ADRES/BLADZIJDE ....

PRIJS ○ € ○ €€ ○ €€€

NOTITIE ....

....

> ETEN EN DRINKEN

....

RESTAURANT ► ....

ADRES/BLADZIJDE ....

PRIJS ○ € ○ €€ ○ €€€ CIJFER

VOORGERECHT .... ○

HOOFDGERECHT .... ○

NAGERECHT .... ○

NOTITIE ....

....

RESTAURANT ► ....

ADRES/BLADZIJDE ....

PRIJS ○ € ○ €€ ○ €€€ CIJFER

VOORGERECHT .... ○

HOOFDGERECHT .... ○

NAGERECHT .... ○

NOTITIE ....

....

RESTAURANT ► ....

ADRES/BLADZIJDE ....

PRIJS ○ € ○ €€ ○ €€€ CIJFER

VOORGERECHT .... ○

HOOFDGERECHT .... ○

NAGERECHT .... ○

NOTITIE ....

....

....

> WINKELEN

WINKEL ►

ADRES/BLADZIJDE

NOTITIE

WINKEL ►

ADRES/BLADZIJDE

NOTITIE

> UITGAAN

GELEGENHEID ►

ADRES/BLADZIJDE

NOTITIE

GELEGENHEID ►

ADRES/BLADZIJDE

NOTITIE

> EXTRA

EXTRA ►

ADRES/BLADZIJDE

NOTITIE

EXTRA ►

ADRES/BLADZIJDE

NOTITIE

EXTRA ►

ADRES/BLADZIJDE

NOTITIE

Fotoverantwoording

Fotolia, New York (USA): 120/2 (Baggett); 37 (Bonnel); 27 (flairimages); 21 (jovannig)
Getty Images, München: blz. 44 (Bailey); 94 (Benett); 20 (Davilla); 77 b. (Gleave); 74 (Kingsnorth); 14/15 (Kitwood); 30 (Mark a Paulda); 16/17 (Ortin); 24 (shomos uddin); 120/8 (Shuel); 92 (Silentfoto); 40 (Tallis); 28 (Wehrmeier)
Glow Images, München: blz. 51; 23 (Eurasia Press/Photononstop); 25 (SuperStock); 67 (SuperStock/Nathan PCL)
Huber Images, Garmisch-Partenkirchen: blz. 59 (Bennett); 4 o. (Borchi); 29, 56 (Rellini)
iStockphoto, Calgary (Canada): blz. 120/9 (Brown); 120/6 (cheekylorns); 120/3 (Clerk); 120/7 (Duncan1890); 4 b. (earth_quake); 83 (Hortop); 9 (IakovKalinin); 47 (Starcevic); 112 (Trdina)
laif, Köln: blz. 7, 12/13, 104 (Artz); 86 (Heeb); 103 (hemis.fr/Gardel); 89 (Jaeger); 108 (Jaenicke); 82 (Jonkmans); 53 (Lange/robertharding); 98 (hemis.fr/Maisant); 99 (Polaris); 57 (Polaris/Wood); 120/1, 120/5 (UPI)
Look, München: blz. 77 o. (Leue)
Mauritius Images, Mittenwald: blz. 32 (Herrett/age); 65 (Alamy/Bird); 33, 85 (Alamy/Brown); 52 (Alamy/Cracknell 01/classic); 41 (Alamy/Dagnall); 81 (Alamy/deWitt); 73 (Alamy/dov makabaw); binnenflap achter (Alamy/Falk); 68 (Alamy/French); 64, 90 (Alamy/Gilbert); 88 (Alamy/Herrett); 106 (Alamy/imageimage); 36 (Alamy/Muratore); 60 (Alamy/nagelstock.com); 49 (Alamy/Padoanv); 48 (Alamy/Prisma Bildagentur AG); 69 (Alamy/Rooney Premium); 101 (Alamy/Segre); 63 (Alamy/Wilkinson); 97 (Alamy/Wrona); 71 (Bibikow); 120/4 (Science Source/Photo Researchers); 35 (United Archives); 78/79 (Vidler); 43 (Warburton-Lee/Copson); Titelbild (Westend61/Haupt)
picture-alliance, Frankfurt a. M.: 55 (dpa/Rain)
Katharina Sahla, London: blz. 5
Schapowalow, Hamburg: blz. 80 (SIME/Erbetta); 45 (SIME/Estock); 61 (SIME/Rellini); 39 (SIME/Torrione)
Alle tekeningen: Gerald Konopik, Fürstenfeldbruck
blz. 64: Roy Lichtenstein, Whaam!, 1963 © VG Bild-Kunst, 2016

Hulp gevraagd!
De informatie in deze reisgids is aan verandering onderhevig. Het kan dus wel eens gebeuren dat je ter plaatse een andere situatie aantreft dan de auteur.
Is de tekst niet meer helemaal correct, laat ons dat dan even weten.

Ons adres is:
Uitgeverij ANWB
Redactie KBG
Postbus 93200
2509 BA Den Haag
anwbmedia@anwb.nl

Productie: Uitgeverij ANWB
Coördinatie: Els Andriesse
Tekst: Peter Sahla
Vertaling: Willemien Werkman, Werkman Tekstverzorging
Eindredactie: Yvonne Schouten
Opmaak: Hubert Bredt
Opmaak notitiepagina's: Studio 026
Concept: DuMont Reiseverlag
Grafisch concept: Eggers+Diaper
Cartografie: DuMont Reisekartografie

Eerste druk
ISBN: 978-90-18-04127-4

Herinner je je deze nog?

9 van de 8.674.523 Londenaren

Michael Caine

Hij werd in 1933 in het zuiden van Londen geboren. Zijn moeder was schoonmaakster, zijn vader werkte op de vismarkt. Caine is tweevoudig Oscar-winnaar. Hij heeft zijn eenvoudige afkomst nooit verloochend.

Boudicca

Eigenlijk komt zij uit Norfolk. Haar monument staat tegenover de Big Ben. Zij ergerde zich zo aan de Romeinse bezetter dat ze het oude Londinium gewoon liet afbranden.

David Bowie

Een jongen uit het stadsdeel Brixton drukte als performer en provocateur zijn stempel als geen andere Londenaar op de popmuziek. Zijn dood in 2016 was een schok voor zijn fans in de hele wereld.

Virginia Woolf

Zij (1882-1941) was schrijfster, uitgever en bekendste lid van de Bloomsbury Group, een groep kunstenaars, intellectuelen en wetenschappers.

David Beckham

Hij zag in 1975 in het Londense stadsdeel Leytonstone het levenslicht, maakte als voetballer carrière en werd in 2004 door het Amerikaanse 'Time Magazine' als een van de honderd invloedrijkste personen ter wereld aangewezen.

Elizabeth II

In 2016 vierde zij haar 90e verjaardag. In 1952 besteeg ze in de Westminster Abbey de troon. Geen Britse koningin of koning heeft langer geregeerd dan zij.

Hendrik VIII

Deze Engelse koning (1491-1547) brak met Rome, beëindigde daarmee de macht van de paus in Engeland en liet kloosters en kerken in het land plunderen.

Ralph McTell

Deze zanger en gitarist (geb. 1944) schreef tientallen jaren geleden het succesnummer 'The Streets of London'. De tekst is nog altijd actueel.

Charlie Chaplin

Deze mimespeler (1889-1977) uit het stadsdeel Southwark, wiens familie in het armenhuis toevlucht zocht, maakte de wereld aan het lachen – en zette aan tot nadenken.